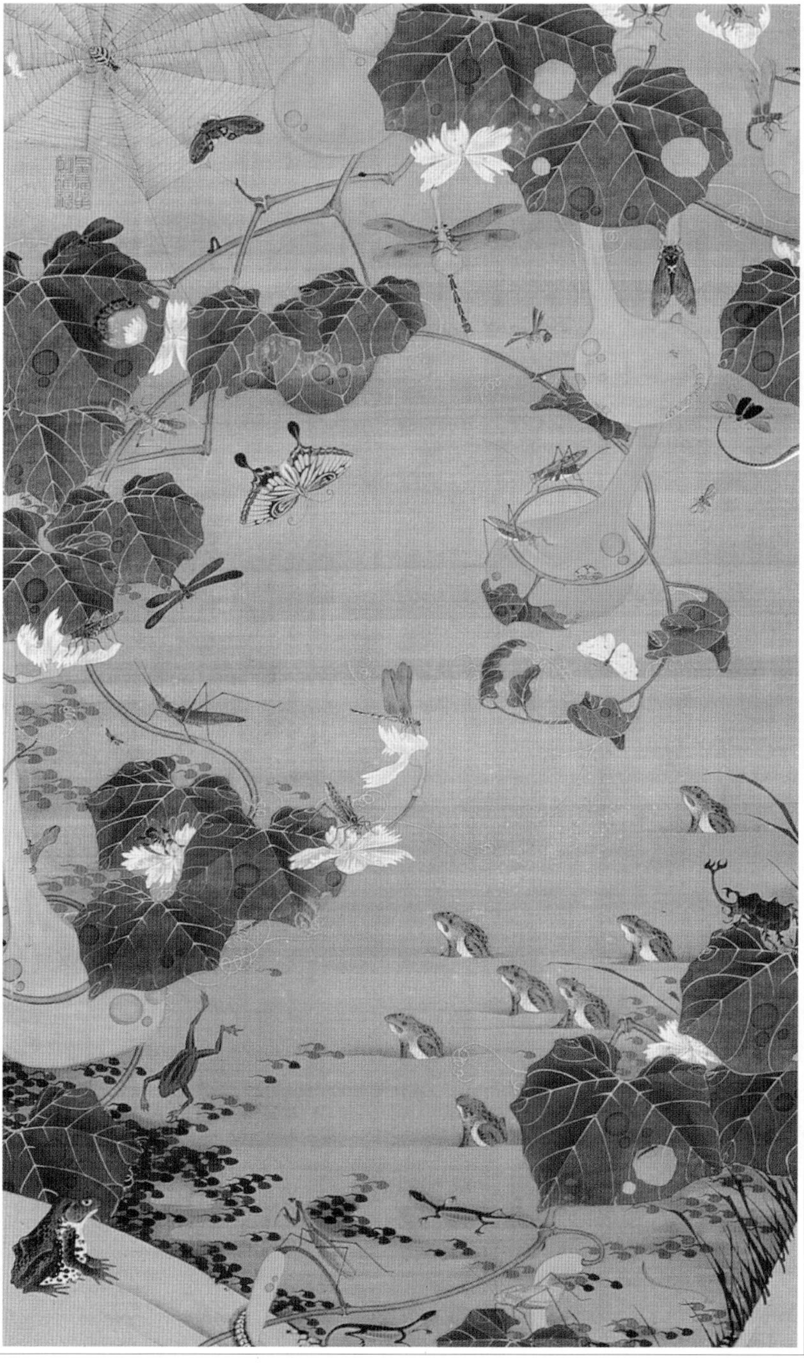

▶**花鳥蟲魚** 萬物靜觀皆自得。沈三白看螞蟻交戰，不覺神移，忽見龐然大物，排山倒海而來……視癩蛤蟆為龐然大物，便是已進入這種境界了。

▼珍禽寫生圖　五代畫家黃荃準確呈現了鳥類、烏龜、昆蟲等二十多隻動物的各種面貌。黃荃是宮廷畫家，畫風富麗工巧，當時人稱「黃家富貴」。

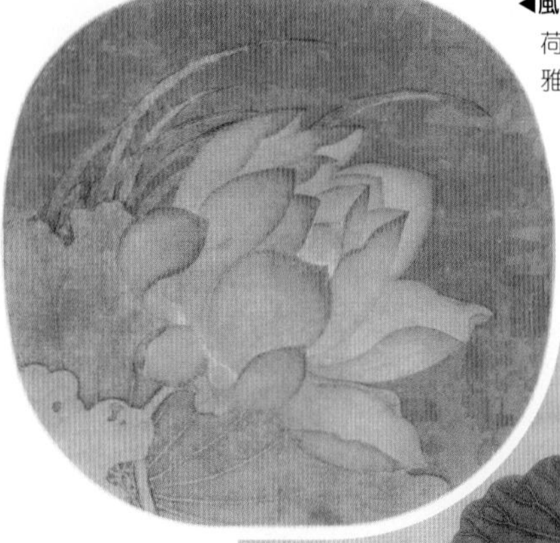

◀**風荷**　「菡萏香消翠葉殘」，荷，又稱為蓮，還有一個典雅的名字──菡萏。

▶**荷花與鴛鴦**　清代畫家吳振武所繪的荷花，或含苞，或怒放，與悠然戲水的鴛鴦，形成和諧的畫面。

▲**蓮花**　「蓮葉何田田，魚戲蓮葉東，魚戲蓮葉西……」的妙趣，原來詠的是新出水的荷葉。等到萬柄碧荷，一望無際時，又哪裡看得到葉底的游魚呢？（攝影／陳輝明）

▶**妙法蓮華**　佛教將蓮花作為象徵物，取其「香」與「淨」的特質，可代表淨土，也可代表接引衆生的妙法。（攝影／陳輝明）

▲**蘭花**　香草美人以喻君子，這是屈原的創作，是《離騷》的寄託。

▶**蓮蓬**　蓮花花期過後，花托呈倒圓錐形，稱為「蓮蓬」，内含食後「輕身易氣，令人強健」的蓮子。（攝影／陳輝明）

▲**大理花**　菊花被視為隱逸的象徵。同屬菊科的大理花，又稱為大麗花，人們利用它在新春佳節製造出大吉大利的歡樂氣氛。（攝影／陳輝明）

▲**墨梅** 梅花的獨特之處，在於天候寒冷，其他花仍在「冬眠」時，它便一枝獨秀，挺立枝頭。

▼**梅花** 「疏影橫斜水清淺，暗香浮動月黃昏。」北宋詩人林逋寫下詠梅的千古絕唱。

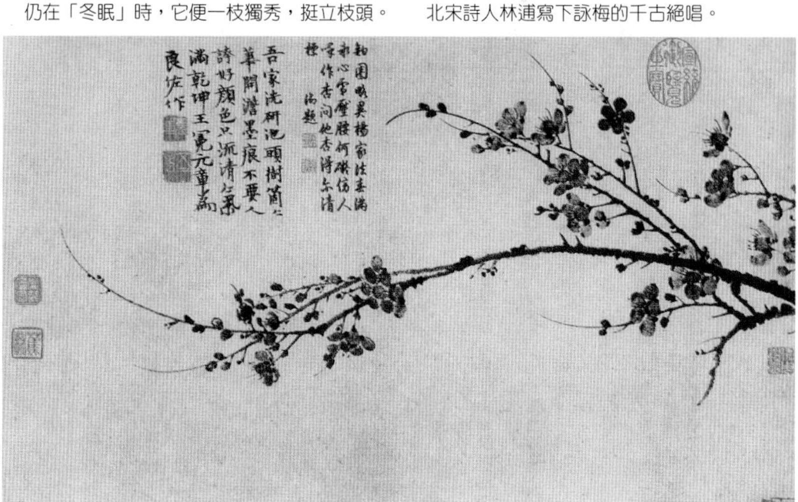

▶**海棠蛺蝶**　海棠花是否有香味？鄭谷〈詠海棠〉詩云：「朝醉暮吟看不足，羨他蝴蝶宿深枝。」看來，海棠的淡淡清香，只有蝴蝶聞得到。

▼**牽牛花**　知名平劇演員梅蘭芳十分喜愛牽牛花，親自在北京的故居種了數十棵。他每天黎明前起床練功習藝，這時牽牛花正盛開，故他讚揚牽牛花為「晨曦之伴」。

▲**矮牽牛**　牽牛子在醫藥中是重要的一味藥，因牛屬丑，便又名牽牛黑子為「黑丑」、白子為「白丑」。在《本草綱目》中「牽牛子」是瀉藥。（攝影／陳輝明）

▶**朝顏**　牽牛花經太陽一曬，熱氣一蒸，便很快萎謝，時間短促，使人感傷，日本人「朝顏」的花名，是頗合這花的身世的。（攝影／吳怡貞）

▼**牡丹花下死，做鬼也風流**　牡丹嬌豔多姿，為美麗如牡丹的女子而死，也是一件不枉此生的風流韻事。

▶**國色天香**　花王牡丹豐滿美麗，但它其實十分耐寒，冬天零下三十度的北方，能生長這樣貌似富貴的花，正說明了這花抗寒的可貴。除「花王」、「富貴花」之外，牡丹尚有「鹿韭」、「百兩金」等名。

▶**芍藥**　牡丹開過看芍藥。人稱牡丹為「花王」，稱芍藥為「花相」，「芍藥」二字是「綽約」的一音之轉，芍藥之美實不亞於牡丹。

▼**木犀**　「木犀」是桂樹的別名，加了蛋花的料理，如「木犀肉」、「木犀湯」，因此而得名。（攝影／陳輝明）

▲**蟾宮折桂**　明清兩代考舉人的鄉試在八月中舉行，正是桂花開的時候，因此吉語叫「蟾宮折桂」，以祝賀考中。（攝影／陳輝明）

▶**罌粟**　李時珍說將罌粟花的津液提煉為鴉片，可以治療腹瀉；罌粟花的嫩苗可以當蔬菜吃……沒有預知鴉片將在幾百年之後，造成極大的毒害。

▼**艷紫杜鵑**　杜鵑花是毒草，又名「羊躑躅」，連羊也不敢吃。但杜鵑花確實很美，以至於韓昌黎遠貶南荒還忘不了寫上「躑躅細開豔豔花」。（攝影／陳輝明）

◀**水仙** 只要在盆中放幾顆石子，再放些水，水仙就可以綻放出美麗的花朵。水仙以花期長，花香馥郁而聞名。在春節期間，人們習慣用清水養一盆水仙作為年花。

◀▲**萱草** 萱草的花形似百合，尚未全開時，可趁鮮摘下炒來吃。亦稱為「黃花」、「黃花菜」、「金針」、「金針花」、「金針菜」。因為金針花含有豐富的營養，經常食用可使虛弱者身體強健，無憂無慮，故又稱為「忘憂草」、「忘憂物」。（攝影／吳怡貞）

▲**桃花**　桃花被人用來形容很多事情，如「桃花運」指異性緣，「面如桃花」形容好氣色，而「三月裡的桃花」則是歇後語——謝了就算了。勸人放寬心胸，不要強求。

►**水芙蓉**　以芙蓉二字命名的植物，還有水芙蓉。水芙蓉的葉片上被細茸毛覆蓋，可藉表面張力原理漂浮在水面上。（攝影／吳怡貞）

▲**春蠶食葉** 《孟子》說：「五畝之宅，樹之以桑，五十者可以衣帛矣。」一戶五畝大的人家，種桑林來養蠶、繅絲、織帛，那麼五十歲的人就有衣帛可穿，不會受凍。（國立故宮博物院藏品）

▼▶**桑樹** 明末成書的《沈氏農書》上說，桑樹要不斷剪去嫩條，多留桑拳，以便多發枝條，多長桑葉。一年要修剪四次，江南諺語有「孝順種竹，忤逆剪桑」的說法，就是說手下不要留情，剪得越多越好。（攝影／吳怡貞）

▶**竹子**　清陳淏子的《花鏡》中說:「天壤間,似木非木,似草非草者,竹與蘭是也。」古人不知將竹子歸類為花草還是樹木。按照現代植物學分類,竹子係棕櫚科常綠灌木,分類有二十二屬,有一百八十多個品種。

▶**翠竹**　竹子奇怪的品種很多。如浙江的「方竹」,生來四方形,十分結實,可用來作手杖。如湖南竹上有斑點,傳說是舜之二妃娥皇、女英之淚滴成的「湘妃竹」。(攝影/陳輝明)

▼**梧桐**　工藝圖案「丹鳳朝陽」，不管織在錦緞被面上，或是刻在各種木石雕件上，除鳳凰、朝日之外，總要有一株梧桐作背景。

▲**梧桐樹下聽阮咸**　男子高冕寬服，神態悠閒，抱膝坐在枝繁葉茂的梧桐樹下，聆聽女子彈奏阮咸。

◀**鳳凰飛上梧桐樹**　《詩經》記載鳳凰只棲息在梧桐樹上，但有句歇後語說鳳凰飛上梧桐樹——自有旁人話短長。鳳凰飛上梧桐樹這種稀有之事，自會有人說長道短，根本不必到處打聽。

▶**知了與梧桐**　「以鳥鳴春，以蟲鳴秋。」秋天是蟲鳴最活躍最動聽的時候。依次序是蛙聲、知了聲、蟋蟀聲，而知了則藏匿在梧桐葉底，發出美妙的鳴聲。

▼**銀杏**　有「活化石」之稱的銀杏，葉子呈扇形。乾隆皇帝因銀杏為千年古樹，是祥瑞的徵兆，象徵愛新覺羅皇族的子孫繁衍，無窮無盡，因封銀杏為「帝王樹」。（攝影／李佳玲）

▲**麻雀棲枝**　宋徽宗趙佶，以畫鷹出名。可是這位多才多藝的皇帝最後卻當了俘虜，淒涼地在北國死去。貴為天子，卻掌握不住自己的命運，還不如一隻小麻雀。

▼**荷葉上的麻雀**　平時蹦蹦跳跳的麻雀，此刻安靜無聲，停歇在荷葉上，宛如雕像。（攝影／陳輝明）

▲**燕子家族**　燕子年年回到舊地築巢，被燕子選為築巢地點的人家，都視燕子築巢為吉祥的象徵。另有說法：燕子在屋簷內築巢，可為屋主帶來財富；在屋簷外築巢，則代表屋主會破財。（攝影／陳輝明）

▶**國際旅者**　據說歐洲的燕子可以南飛到非洲好望角，東亞的燕子則南飛到爪哇、蘇門答臘一帶。

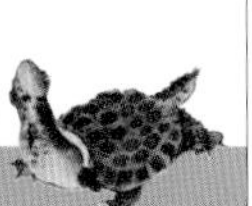

▲**野生鸚鵡**　「鸚鵡能言，不離飛鳥」，想想根據現代科學常識，鳥類學其他聲音鳴叫，是條件反射，並不是有思想意識的活動。（攝影／陳輝明）

◀**鸚鵡戲蝶**　屈大均《廣東新語》說有一種來自海外的五色鸚鵡，吃綠豆和糯米，想要訓練牠說話，餵以香蕉，牠就「兼通番、漢」二語了。

▼**八哥**　將八哥的舌尖加以修剪之後，八哥便會模仿人聲或其他鳥類的鳴聲。

▶**紅腳黑翅蟬** 黑色的翅膀，橙紅色的腳，胸部有黃色的十字型條紋，紅腳黑翅蟬的音量小，生活在低海拔的樹林中。（張永仁攝／【昆蟲圖鑑】／遠流提供）

▶**薄翅蟬** 薄翅蟬分為翠綠色和橙褐色兩種。因翅膀透明，薄翅蟬又名「羽衣蟬」。（張永仁攝／【昆蟲圖鑑】／遠流提供）

▼**蟬** 蟬有五德：餐吸晨風，廉也；渴飲朝露，清也；應時長鳴，信也；不為雀啄，智也；首垂玄緌，禮也。

▲**台灣騷斯**　騷斯是螽斯（紡織娘）科的一種。台灣騷斯的特徵是頭部後方兩側有大塊黑斑。
（張永仁攝／【昆蟲圖鑑】／遠流提供）

◀**台灣擬騷斯**　體型較大、頭部後側無黑斑，除此之外，台灣擬騷斯的習性與台灣騷斯相近。
（張永仁攝／【昆蟲圖鑑】／遠流提供）

▲**豆娘與豆莢**　豆娘體小色綠，形狀像蜻蜓，比蜻蜓小，靜止時兩對翅直立在背上，常在水邊或草地上飛翔，以吃小蟲維生。亦稱為「豆娘子」。

▶**蟋蟀**　蟋蟀的別名甚多，在《詩經》中即又叫斯螽，又叫莎雞。北方小兒叫「蛐蛐兒」，蘇滬一帶小孩叫「賺績」，實際都是「趨織」、「促織」的一音之轉，南北口音不同，出現了不同的叫法。

▲**大端黑螢** 發出閃爍頻率快的橙黃色光芒，與聚集在竹林中的較高處，是大端黑螢雄蟲的特色。（張永仁攝／【昆蟲圖鑑】／遠流提供）

◀**紹德脈翅螢** 生活在海拔1000公尺以下山區的紹德脈翅螢，牠的翅鞘中央偏外側有明顯的縱向稜脈隆起，成蟲主要在四月到十月間活動。（張永仁攝／【昆蟲圖鑑】／遠流提供）

▲**黃斑黑蟋蟀** 翅膀前端有兩個黃斑的黃斑黑蟋蟀，是兒童們「灌肚猴」和「逗蟋蟀」時的主角。（張永仁攝／【昆蟲圖鑑】／遠流提供）

▶**台灣大蟋蟀** 體型粗圓，體色黑褐，由於台灣大蟋蟀以農作物為食，而被視為害蟲。（張永仁攝／【昆蟲圖鑑】／遠流提供）

◀**蝴蝶群舞**　有花的地方就有蝴蝶飛舞的蹤跡，除了為美麗的花朵增色，蝴蝶也肩負傳遞花粉的使命。

▼**螳螂**　前胸延長如頸，前肢作鐮形，螳螂是「高大威猛」的昆蟲。

▼**蜻蜓點水**　殷商的甲骨中已出現蜻蜓的象形銘文。而看似柔弱的蜻蜓，其實是肉食性昆蟲，善於運用碩大的複眼，發現蚊、蠅、蜜蜂、蝴蝶的蹤跡，在半空中輕易攔截，然後飽餐一頓。

▶五蝠．五福

這幅畫充滿祝福之意。竹籠內有五隻小蝙蝠，象徵「五福」，旁邊繪有石頭，象徵「石壽」。

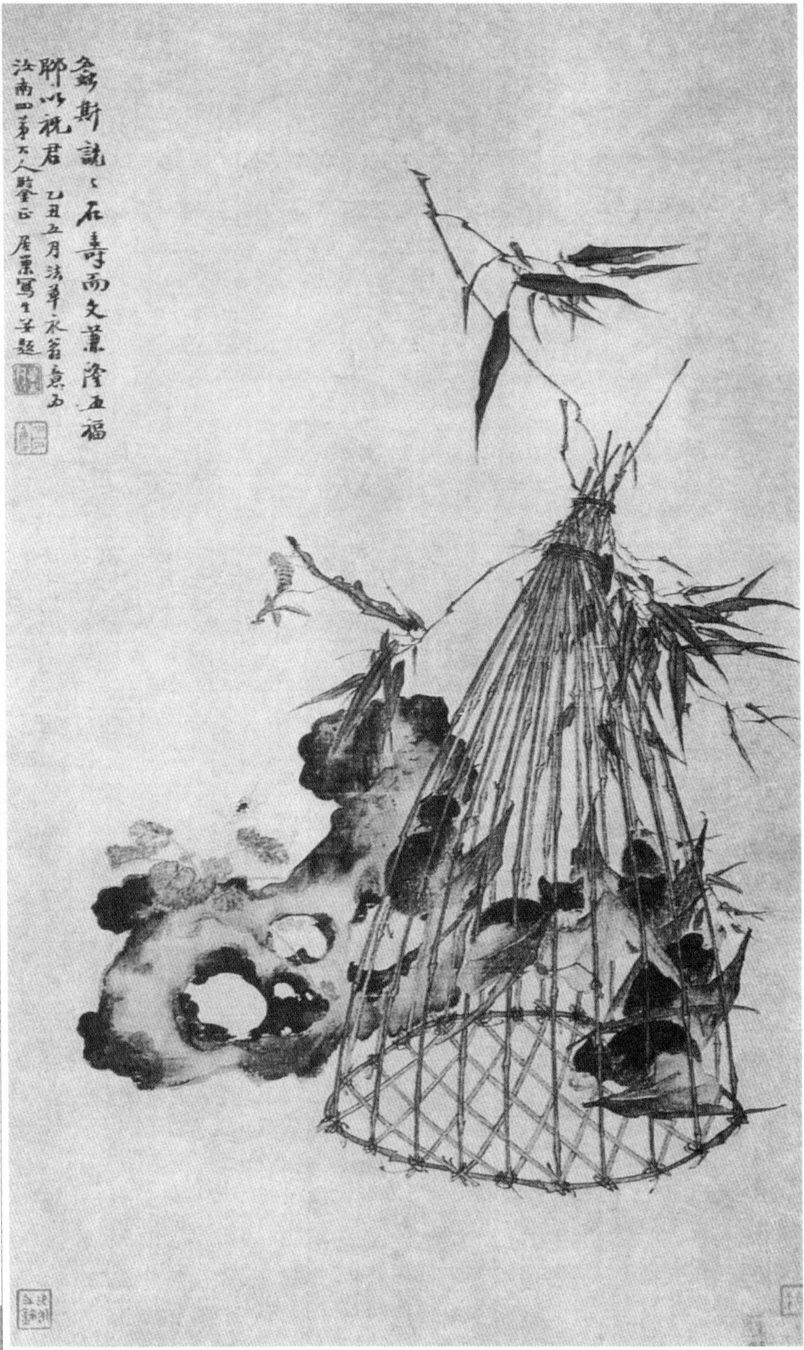

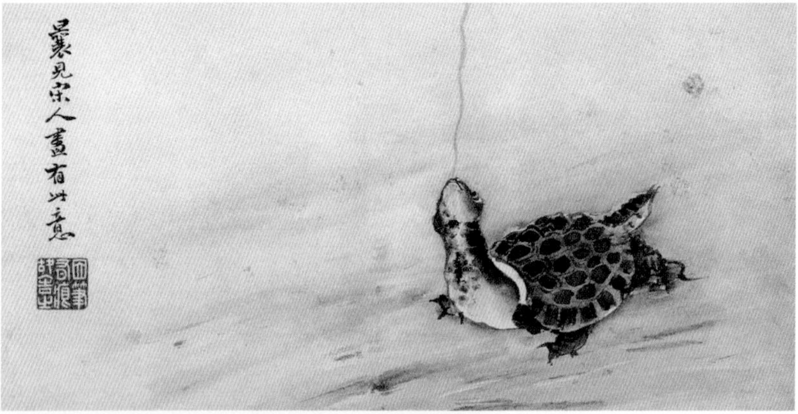

▲**烏龜的貢獻**　遠古時代，人們把祝願詞鐫刻，或用火燒在烏龜殼上，埋在土中三千來年之後，被人無意中掘出來，這就是有名的「甲骨文」。

◀**烏龜**　「千年王八萬年龜」，烏龜不僅長壽，牠還有個硬殼，不愁日曬雨淋。而且力大無窮，有人把四個小烏龜墊在床腳下，睡上幾年，毫無問題。（攝影／陳輝明）

▲**蝸牛**　為住房發愁的人，羨慕每個蝸牛都有一個殼，「一牛一間」，用不著住上下鋪，比人強多了。（攝影／陳輝明）

▲青蛙　一池蛙唱，抵得上半部鼓吹。蛙聲比鼓吹更自然些，更富於天籟的美。

▼螃蟹　魯迅說，第一個懂得吃螃蟹的人，一定十分勇敢。縱然找出第一個吃螃蟹的人，恐怕也還是生吃的，不會蒸熟了吃。

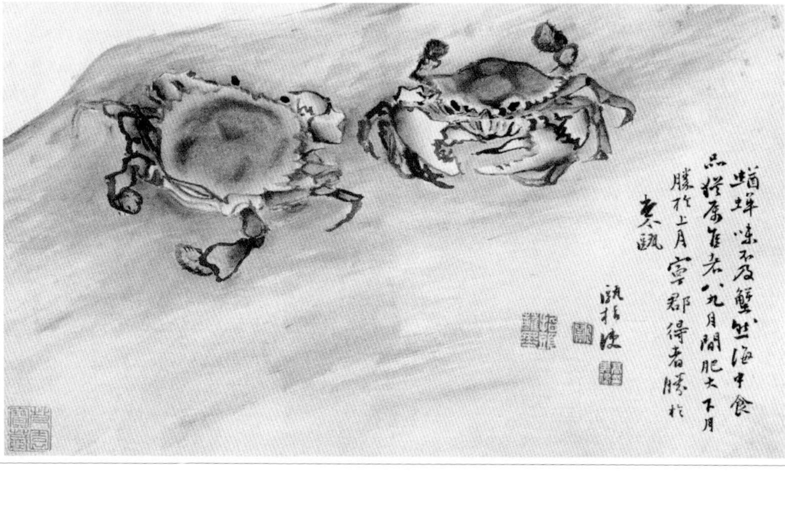

◀**水族生態**　小魚被大魚吞掉，大魚又被更大的魚吞掉，都是優勝劣敗，在大江大海中，是自然生態平衡。

▲**琴高乘鯉**　相傳琴高為戰國趙人，擅長彈琴，並修習長生不老之術，在冀州與涿郡生活了兩百多年。某天琴高打算潛入涿水「取龍子」，要弟子在河邊建祠等待。到了約期當天，琴高乘坐一隻紅鯉從水中竄出。琴高在祠中待了一個月後，乘鯉升天。後世將「琴高」作為鯉魚的代稱，而「琴高乘鯉」則指得道成仙。

◀**游魚**　莊子和惠施的辯論「子非魚，安知魚之樂」，以及「子非我，安知我不知魚之樂」，實際上是莊子的詭辯，他只不過是自己觀魚、賞魚之樂，又何嘗真知魚之樂。

◎日本畫家歌川國芳（1798-1861）的金魚戲作。

▶**金魚救火**　舉起「滅火棒」，金魚消防隊，出發！

▼**金魚救美**　我是金魚武士，拔劍對抗鰻魚怪，解救金魚公主。

▲**金魚戲雨**　與水共生的金魚，拿起荷葉或是捲起尾巴遮雨。

◀**金魚宴會**　在三味琴的琴聲伴奏下，微醺的金魚們翩翩起舞。

◀**草木蟲魚知識庫** 有關草木蟲魚的著述，《詩經》、《禮記》、《楚辭》開其端，《爾雅》、《說文》繼其後。直到唐、宋之後，陸羽寫《茶經》、歐陽修寫《洛陽牡丹記》，蔡襄寫《荔枝譜》，范成大寫《梅譜》，連南宋的荒唐宰相賈似道還寫了一本《促織經》，不少文人都愛好此道，注意到草木蟲魚的重要和情趣，筆之於書，給後人留下有意義、有情趣的著述。

探索歷史新天地，
飽覽歷史新智慧。

歷史新天地

◎本書由河北教育出版社獨家授權予實學社出版
繁體字版；原書名爲《草木蟲魚》

歷史新天地㊳

花鳥蟲魚誌

作　　者／　鄧雲鄉
主　　編／　黃　驗
責任編輯／　翁淑靜
發 行 人／　王榮文
出 版 者／　實學社出版股份有限公司
台北市 100 南昌路二段 81 號 7 樓
讀者服務專線：(02) 2392-6899（遠流出版公司）

製作印刷／　鴻柏印刷事業股份有限公司
電話：(02) 2247-0989　傳眞：(02) 2248-1021

總 經 銷／　遠流出版事業股份有限公司
台北市 100 南昌路二段 81 號 6 樓
郵撥帳號：0189456-1
電話：(02) 2392-6899　傳眞：(02) 2392-6658
YLib 遠流博識網
http : //www.ylib.com
E-mail : ylib@ylib.com

法律顧問／　蕭雄淋律師
電話：(02) 2367-7575　傳眞：(02) 2369-2525

初版一刷／　二〇〇四年 11 月 25 日
ISBN／　957-2072-88-9
定　　價／　200元

行政院新聞局局版臺業字第6433號

歷史新天地㊳

花鳥蟲魚誌

鄧雲鄉◎著

出版緣起

王紫文

歷史，是人類最龐大、最珍貴的知識庫。

「歷史知識庫」所儲存的史料，是數千年來人類智慧的結晶。西方學者休姆說：「有史以來，全人類盡在我們的面前接受檢閱，我們還可能想像何種景象會比這更壯觀、多變而有趣？」壯觀而有趣的歷史，不斷地以掌故、成語以及其他各種形式，重現在現代經驗中。不少公衆人物脫口而出便是一段歷史，把現代事務與歷史經驗做了鮮活的比擬，譬如：

——政權輪替後，新的執政黨自我期勉說：過去扮演張飛，現在要當孔明。

——中央與地方財政收支劃分引起軒然大波，地方首長說：這是中央政府「二桃殺三士」！

——企業領導人，舉諸葛亮與司馬懿性格之差異，隱喻自己與競爭對手不同的領導風格。

具有經驗價值的史事，膾炙人口，成爲範例、典故，是後世解決類似問題的借鏡；這些歷史資產，在公衆人物的援引或發揮下，更貼近了現代經驗。我們可以這樣說：歷史與現在，如影隨形。對照整個「歷史知識庫」可以發現——千百年來，歷史事件不斷重演，經驗不斷複製，所以英語中有句格言說："History repeats itself"，只要我們用心探索，一定可以在歷史知識庫中找出「歷史與現在」的各種關聯，找到了借鏡。

「歷史知識庫」像一座大觀園，五花八門，諸多智產、寶物庋藏何處，難以查索。這座知識庫最迫切需要的是：讀取系統的建立。

【歷史新天地】叢書，試圖建立一種讀取系統——從浩瀚的歷史中切入，整理其中具有現代啓示的部分，注入活水，化爲實用知識；【歷史新天地】叢書更將探索一種可能性——當歷史可以古爲今用時，是否也預含了對未來的創造？

我們希望這一個探索與嘗試，可以讓【歷史新天地】兼具了「歷史的入口處」與「未來的接駁站」兩種功能；更期望「歷史」的範疇，在新天地中放大——今天之前，就是歷史；每一種產業及其文化，都可以發掘歷史。

這是一個重新解讀歷史、改變用途的時代，讓我們一起來探索歷史的新天地，飽覽歷史的新智慧！

前言 草木蟲魚說不盡

說起「草木蟲魚」，首先就想起了《駝駱草》，前不久買了一本影印的《駱駝草》合訂本。這已是整整六十年前的刊物了，好在是影印本，還如看到當年的刊物一樣，有一種重溫舊夢的感覺；雖然當此刊物出版時，我還只是一個剛剛要上學讀書的孩子，但畢竟它的出世晚於我，也算是我經歷過的事了。

在此合訂本的第一百七十八頁上，刊有一篇豈明（周作人，翻譯家，爲魯迅的二弟）寫的〈草木蟲魚小引〉，這是他所寫《專齋隨筆》的第六篇。文章開頭先引明李日華《紫桃軒雜綴》的話，然後從「世間無一可食，亦無一可言」二語，發揮開來，闡述寫文章的道理。結尾處歸結云：

> 話雖如此，文章還是可以寫，想寫，關鍵只在這一點，即知道了世間無一可言，自己更無做出真文學來之可能，隨後隨便找來一個題目，認真去寫一篇文章，卻也未始不可，到那時候，

或者可以說世間無一不可言，也很可以罷。只怕此事亦大難，還須得試試來看，不是一步就走得到的，我在此刻還覺得有許多事不想說，或是不好說，只可選擇一下再說，現在便姑擇定了『草木蟲魚』，為什麼呢？第一這是我所喜歡，第二他們也是生物，與我們很有關係，但又到底是異類，由得我們說話。萬一講草木蟲魚還有不行的時候，那麼這也不是沒有辦法，我們可以講講天氣吧。

——十九年舊中秋

中國文人照例是小題大作的，香草美人都要聯繫到國家大事，《紅樓夢》中吃完螃蟹，寶釵姑娘寫有一首意存諷刺的詩，別人還稱讚道：「這些小題目，原要寓大意思，才算是大才。」由於有這樣的傳統，所以寫的人、讀的人有時都變成神經質的人了，明明是普普通通一草一木，卻要把它擬人化一番，要寫出微言大義來。如果有哪位說草就是草，說木就是木，並沒有指桑罵槐，這樣看的人就感到不滿足，在字裡行間，還想找出點這個或那個來，或者說好，或者說壞，比如《詩經》「關關雎鳩」的詩篇，一定要被解釋作「夫然後可以配至尊而為宗廟主，此綱紀之首，王化之端也」。反正原來編這首詩歌的人不知是誰，況且又是死了幾千年的古人，死無對證，如何解釋，也沒有人分辯。因為是「經」，就要說的特別好些，引申而又引申，那樣任何說到草木蟲魚的具體文字，都可以輾轉引申為至高無上的稱頌；或者也可以往壞的方面延展，變成大逆不道的詛咒了。

豈明說「草木蟲魚」，原因第一、第二之間，看似「好說」、「想說」，實際也不盡然。原因之一是「我所喜歡」，這就大成問題，別的不喜歡，爲什麼單喜歡「草木蟲魚」呢？從傳統的觀點來評價，一頂「玩物喪志」的帽子便可輕輕地扣到頭上。從新的偉大的觀點來評價，最輕的評語也可以說是「無聊」、「落後」。如用最新的「經濟效益」的觀點看，草木蟲魚如能賺鈔票，便可歡喜；如不能賺鈔票，歡喜這些就是壽頭，那是一切以鈔票爲準星的標準。因此豈明認爲草木蟲魚可說的第一原因並不一定能成立，或者還待商榷。

第二原因他說草木蟲魚是生物，又是異類，既與人類有關係，卻又因是異類，由得我們說話。這些說法如仔細思量，卻有時也覺得難說。蘇東坡〈赤壁賦〉說：「宇宙之內，物各有主，唯江上之清風，與山間之明月……取之不盡，用之不竭……」這樣就似乎告訴我們，草木蟲魚等等，也是各有其主的。所謂「打狗還要看主人」，「異類」縱然可讓你隨便說它，那這些「異類」的主人也不見得讓你隨便亂說。當然也還有更多的無主的「草木蟲魚」，似乎可以隨便說說，但能說的、說得來的、想說的、有興趣說的，實際也並不多。視野有限，不能周遊天下，也不能像神農氏那樣嘗百草，無法活到銀杏樹般的壽命，無法變成蚯蚓鑽進泥土中，無法潛入海底與鯊魚交朋友，無法像莊周那樣化爲蝴蝶，無法像跳蚤那樣一跳超過自身高度幾百倍……自視爲萬物之靈的人，比之草木蟲魚之同爲生物，究竟高明多少呢？萬物之靈的人，對草木蟲魚知道又有多少呢？既不高明又無知，這樣來講說草木蟲魚，豈不是有點自欺欺人嗎？

有人說：「人非草木，孰能無情。」似乎人有感情，比草木高明得多。其實「野火燒不盡，春風吹又生」，「歲寒然後知松柏之後凋也」，在某種程度上，草木似乎更守信義、有生機、順自然，這似乎是更高超的感情。自然它不會有爾虞我詐、種種騙人欺人的伎倆。

「子非魚，安知魚之樂？」蒙莊雖然用「子非我，又安知我不知魚之樂」駁倒惠施，實際也似乎是在玩弄詭辯哲學，他是否眞知魚，則大成問題。當一條潑剌剌的活魚被從水裡釣上來，放在砧板上，開膛破肚刮鱗，「嘩啦」一聲，放入滾開的油鍋，這時他只聞著香，饞涎欲滴了……哪裡還會想到魚樂呢？河南館子，愛以「梁園酒家」命名，名菜是糖醋瓦塊，正是蒙莊的家鄉菜，難道莊子不吃魚嗎？這是不可能的，這正像口頭上說「見其生不忍見其死，聞其聲不忍食其肉」的孟軻一樣，同樣是假正經。「魚我所欲也，熊掌亦我所欲也，二者不可得兼，捨魚而取熊掌者也。」他連熊掌都能吃，何況魚和紅燒牛肉呢？所以莊子、孟子以及其他聖人、凡人都一樣。從「草木蟲魚」的立場來看人，那太可怕了，太殘忍了，他們笑嘻嘻地就把草鋤了、割了；木砍了、鋸了；蟲滅了、除了；魚殺了，烹了……用豈明前面的話道：「但又到底是異類，由得我們說話。」這話明稱「異類」，便生殺機，非我族類，其心必異，想想多麼可怕呢！如只想著沖淡的散文是多麼和平典雅，那就忽略了另一面了。當然，我這裡不是針對豈明加以批判，只是借他的話來說明世情而已。

如上所云：難道眞像李日華《紫桃軒雜綴》所引白石生辟穀嘿（閉口不說話，同「默」）坐時回答別人提問時所說的那樣嗎？「世間無一可食，亦無一可言」，既無一可言，爲什麼還回答人兩句話呢？「花如解語誠多事，石不能言最可人。」或者說：一言不發才是最可愛的。但魯迅又說過：最大的輕蔑是無言。因而一言不發的人，如遇到魯迅，那就要惱怒你是對他輕蔑了……這又要學會說天氣哈哈，或跟著喊打倒以及三呼萬歲等等。俗語說：「病從口入，禍從口出。」看來人注定是要受「口」——這個不可少的五官之一之累的。奈何！奈何！

世界上啞人畢竟是極少數，大多數人父母給了一張「口」，是既能吃飯，又會說話的。「少說話、多磕頭」的教訓是要牢牢銘記在心的。不過「少說」，並不等於不說，說還是要說的。只不過不要認眞，要講求一點處世的藝術，講求一點語言的藝術，這樣就要注意一下該講什麼，不該講什麼，講什麼有意思，而又比較少麻煩，說來說去，又回到「草木蟲魚」上來了。

草木蟲魚可說乎？曰可說，不過也要有幾個條件。比如說：草木蟲魚的範圍那麼大，聯繫那麼廣，知識有限，見聞有限，又如何能說得廣、說得全、說得深，這也只能就有所知者說之，就有趣者說之，盡量就不會惹麻煩者說之……這樣一限制，實際能說的也就不多了。

先此聲明，以免貽笑於讀者，是爲「小引」。

目錄

【歷史新天地叢書38】

花鳥蟲魚誌

草木蟲魚伴人生

草木蟲魚知識

揚雄所謂「雕蟲小技，壯夫不爲」，連一些才子自命不凡的詩詞歌賦都認爲是「雕蟲小技」，況等而下之爲草木蟲魚作注釋者乎？

韓愈說爲花鳥蟲魚做文章，不是「磊落人」。

韓愈詩云：「《爾雅》注蟲魚，定非磊落人。」詩題很長，在此不必全引，只是這兩句話，就似乎已看出這位文起八代之衰，以「聖人」自命的韓文公的思想狀態。中國傳統儒家思想，總覺得知識分子的學問是應以經邦濟世爲主的，總是與政治分不開的，最高的理想是王佐之才，澄清天下之志，捨此之外，似乎再無學問。

草木蟲魚，全民文化

揚雄所謂「雕蟲小技，壯夫不爲」，連一些才子自命不凡的詩詞歌賦都認爲是「雕蟲小技」，況等而下之爲草木蟲魚作注釋者乎？不過這是以天下爲己任的聖賢之志，以及大量表面講聖道、胸懷竊國志的「英雄」們的口頭禪，而並非凡人所能想像的。一般凡人，靠自己雙手做工種田，或手腦並用、爬格子乞討稿費的人的想法則是另一種的，說的更具體些，就是更接近生活，更實際一些，也就更有情趣些。

沒有自然界的給予，不可能有人類賴以生活生存的物質；沒有智慧和勞動的創造，人類也不能豐富自己的物質生活，只能像動物一樣向自然界獲得賴以生存的原始物質。所以，人類的學問，還是從最早認識自然界一草一木開始的。因而草木蟲魚本身就是很重要、複雜的學問。等到聖人們講仁政、霸道等等大學問的時候，自然遠在初步認識草木蟲魚之後了。

不過中國聖人講大學問，卻也有其獨特的特徵，就是不講上帝，不講神靈，而只講人，或者說只講聖人。比如說火，首先想到燧人氏教民鑽木取火，這是《韓非子》中記載的，他是王天下的聖人。其次是祝融、閼伯，被人尊爲「火祖」，享祀南嶽，是《漢書．五行志》記載的。至於說所謂「火神」，這是因崇拜火神的波斯索羅亞斯德教（即祆教，又名拜火教，西元前六到七世紀之間，由波斯人索羅亞斯德創立）的傳入而流行開的，這是唐朝的事，遠在燧人氏和祝融、閼伯等「火祖」之後了。至於那位偷竊上帝火種給於人間的天使普羅米修斯，那是出於希臘神話，比之於古老的燧人氏，那更是不成比例的晚生後輩了。就從此一例的分析上，也還可以看出中國人歷來相信，生活知識進而至於全民文化，最早都是人教的，而非神賜的。

誰能說中國人迷信呢？

雕蟲小技有學問

燧人氏教人鑽木取火，有巢氏教人構木爲巢，神農氏嘗百草教民稼穡，嫘祖教民養蠶繅絲……最早的聖人們似乎都是以生活的知識和手段來教民的，到了「溥（普）天之下，莫非王土；率土之濱，莫非王臣」的年頭以後，那情況就完全兩樣。那「鑽木」、「構木」、「嘗百草」等等，都是「草木蟲魚」的雕蟲小技了。不過，雖然聖人不提倡，而老百姓還是十分愛好此道的，生活的觀察越來越細緻，勞動的創造越來越辛勤，知識的積累和傳授、繼承也越來越豐富，這樣對自然的認識和掌握也越來越深刻了。到了文化典籍從無到有，孕育成熟，一一問世，集大成的時代，那關於草木蟲魚的知識已經十分完備，而且載入典籍，以垂永久了。自然這是衆多人智慧和勞動的結晶，而非出於某一個神人、聖人的恩賜與教導。但是在衆多的人中，智慧超群的人也是不斷湧現的，自然他們在獲得、創造這些知識中是起了更大作用的。

魯迅曾經說過，第一個懂得吃螃蟹的人，一定是一個十分勇敢的人。其實他這個笑話想得未免簡單些，因爲這「第一個」恐怕是很難選出的。先民生活生存，想來是群居的多，不要說當時還沒有文字紀錄，縱然有，恐怕也無法分第一第二。再有，縱然找出第一個吃螃蟹的人，恐怕也還是生吃的，不會蒸熟了，剝開來蘸著薑末、鎮江醋，佐以紹興老酒，悠悠然地吃。所以好多事，好多話，不細想尚可，一細想便不免有許多問題，縱然是被崇拜爲「神人」的人，他們的話也還是值得推敲的。《韓非子・五蠹》中說得好：

> 上古之世，民食果蓏蚌蛤，腥臊惡臭，而傷腹胃，民多疾病，有聖人作，鑽燧取火，以化腥臊，而民悅之，使王天下，號之曰燧人氏。

看來這位法家的話說的還是沒有太大漏洞的。果蓏蚌蛤，腥臊惡臭，自然是生吃，這些或者包括螃蟹在內，最早吃牠，恐怕並非貪九雌十雄的美味，當然更並無持螯對菊的雅興，而只是肚子餓得慌，捉來能吃的各種植物、動物充饑，野果、野瓜、魚類、蚌類等等。大概懂得吃種子，還在懂吃野果、野瓜之後；懂得取火、熟吃，更在此後。懂得鑽燧取火，自然也是智慧出衆的有心人，這就是古代的「聖人」。

花柳含情，蟲魚亦通人性

自然人類由因饑餓而尋找食物，由生吃而熟食；由向大地自然界尋找野生植物、動物充饑，到懂得種植穀物、飼養家畜；由單一認識動、植、礦物的區別，到分出不同大類，不同小類，單一名稱，各自特徵……這中間經過了沒有文字記載的十分漫長的歲月，其間不知經過多少智慧超群的有心人的仔細觀察、比較研究，傳授給衆人，這樣創造了最早的文化。也可以說是草木蟲魚，自然也包括早期的鳥獸知識、學問，完成了人類認識自然、利用自然、改造自然萬物的初級階段。關於這點知識的獲得過程，我想中外大概是一樣的。

這種認識，又歷多少世、多少劫之後，那就是花柳含情、草木生春，蟲魚亦通人性了。讀近人孫寶瑄《忘山廬日記》，有一段以蟲比人的文字，小有情趣，現引於後，以見人類對草木蟲魚認識的昇華吧。原文如下：

以蟲比人，蠶是鴻哲大儒，吐其絲綸，衣被天下。蜂為名將相，部勒有法，賞罰嚴明；釀花成蜜，猶之造福地方也。蝶是名士，愛花嗜酒，倜儻風流。蟬乃高人，吸風引露，抱葉孤吟。蟋蟀，閨婦也；蜻蜓，江湖游食之人也；蜘蛛，土豪也；蚊蚋，馬賊；蚤蝨，鼠竊也；蒼蠅，依附勢力之小人也；螬蠹，猾胥狡吏也；臭蟲，閹宦及惡丁劣役也；糞中蛆，乃紈袴子弟及持祿保位之公卿也。唯螻蟻確是務本業安分守己之善良百姓。

試問讀者，感覺他的比喻如何呢？

香草美人，花中君子

蘭花

李時珍不但旁徵博引，把蘭草、澤蘭、蘭花……古今誤傳混淆之處，分析得清清楚楚，而且還畫了圖，這就更十分切實，說明是經過實地調查研究，是眞正博物家的科學方法。

蘭花是文人的花，也是江南的花。

蘭花，文人的花，小時候學寫春聯，寫熟了「芝蘭君子性，松柏古人心」這副聯語，感到蓮花也是君子，蘭花也是君子，花中的君子似乎眞不少。

蘭花蘭草混淆不清

香草美人以喻君子，這是屈原的創作，是《離騷經》的寄託。其實草自是草，人自是人，本是兩不搭界的。《詩經》「方秉蕑兮」一句，在陸璣（吳郡人，與史稱「雲間二陸」中陸機是兩個人）《毛詩草木鳥獸蟲魚疏》中說：

蕳即蘭，香草也。《春秋傳》曰：刈蘭而華；《楚辭》曰：紉秋蘭；子曰：蘭當為王者香草。皆是也。其莖葉似藥草澤蘭，但廣而長節。節中赤，高四五尺，漢諸池苑及許昌宮中皆種之，可著粉中。故天子賜諸侯茝蘭，藏衣，著書中，辟白魚（蠹蟲）也。

從這簡短的注疏中，我們對古代蘭花，起碼有三點理解：一，蘭花既是專指一種草，又是廣義的香草名稱。用現代植物學分類法說，就是蘭科植物。而蘭草、蘭花又是兩種東西。現代植物學中，蘭草屬菊科植物，而蘭花才是蘭科植物。自然它也是草本。二是漢代以來，蘭花已是人工培養，而非野生的了。但所說「節中赤」、「高四五尺」等等，這又是指屬於菊科植物的蘭草，而非蘭花。在這點上，陸璣說的是不清楚的。三是強調它的除蟲作用，用現在話說：是藥用價值。但說來說去，是偏於芳香物質方面的，並未說到精神方面的比喻，什麼香草美人以喻君子等等。李時珍《本草綱目》中道：

蘭有數種：蘭草、澤蘭生水旁，山蘭，即蘭草之生山中者。蘭花亦生山中，與山蘭迥別。蘭花生近處者，葉如麥門冬而春花；生福建者，葉如菅茅而秋花。黃山谷所謂「一幹一

> 花為蘭，一幹數花為蕙」者，蓋因不識蘭草蕙草，遂以蘭花強生分別也。蘭草與澤蘭同類，故陸璣言「蘭似澤蘭，但廣而長節。」《離騷》言其綠葉紫莖素枝，可綴、可佩、可藉、可膏、可浴……若夫蘭花，有葉無枝，可玩而不可紉佩藉浴、秉握膏焚，故朱子《離騷辨證》言：「古之香草，必花葉俱香，而燥濕不變，故可刈佩。今之蘭蕙但花香而葉乃無氣，質弱易萎，不可刈佩，必非古人所指甚明。古之蘭似澤蘭，而蕙即今之零陵香，今之似茅而花有兩種者，不知何時誤也。」

李時珍不愧爲藥物學家，不但旁徵博引，把蘭草、澤蘭、蘭花（也叫「幽蘭」），古今誤傳混淆之處，分析得清清楚楚，而且還畫了圖，這就更十分切實，說明是經過實地調查研究，是眞正博物家的科學方法，不比一般文人墨客抄書杜撰了。這種精神十分令人佩服。

曹雪芹也誤解蘭花

大觀園中香菱姑娘鬥草，還會說「一箭一花爲蘭，一箭數花爲蕙。凡蕙有兩枝，上下結花者爲兄弟蕙，有並頭結花者爲夫妻蕙……」而我對蘭花連這點知識也沒有，但看了李時珍的論證，才知道香菱這點知識——或者說曹雪芹關於蘭花的知識，是根據黃山谷說的。而這一說法，又被李時珍批評爲「不識蘭草、蕙草，遂以蘭花強生分別」。因而可以看出黃山谷也好，曹雪芹也好，這些文人，一遇到必須實事求是的科學領域，也便謬誤百出了。不過李時珍文中所說「蘭花生近處者」一句，卻不夠科學，這「近處」二字何指呢？李時珍是湖北蘄州人，是指他家鄉近處呢？還是指其他地方近處？很不確切。實際上我們現在說蘭花，其著名產地，並不在湖北蘄春，而是在浙江。現在春天開花的春蘭，著名的是杭蘭、甌蘭。秋蘭稱建蘭，產在福建。明王象晉《群芳譜》記蘭花甚清楚，文云：

蘭幽香清遠，馥郁襲衣，彌旬不歇。常開於春初，雖冰雪之後，高深自如，故江南以蘭為香祖。又云蘭無偶，稱為第一香。紫梗青花為上，青梗青花次之，紫梗紫花又次之，餘不入品。建蘭莖葉肥大，蒼翠可愛，其葉獨闊，今時多尚之。葉短而花露者尤佳。杭蘭唯杭城有之，花如建蘭，香甚，一枝一花，葉較建蘭稍闊，有紫花黃心，色若胭脂，有白花黃心，色若羊脂，花甚可愛。

除此之外，還有眞珠蘭，還有四川出產的伊蘭，溫州、台州出產的風蘭，廣東出產的朱蘭等等。宋趙時庚編的《金漳蘭譜》，著錄二十二品。宋王學貴所編《蘭譜》，著錄五十品。而現在園藝學十分發達，引進外國種蘭花甚多，蘭花品種，詳細著錄，恐怕有數百種之多。

沈三白誓不植蘭

蘭花是文人的花，也是江南的花，野生的蘭花生在江南冬天不結厚冰的常綠山中。在寒冷的北方，一到嚴冬，大雪封山，只有「歲寒，然後知松柏之後凋也」的松柏，還能青蒼挺立，柔弱的蘭花，葉既無法生存，根也要凍壞了。因此在北方很少聽說野生的蘭花，縱然有，也是人家種在盆中的。半世紀前，在北京中山公園行健會，經常擺著蘭花展覽，但人們也不大注意，只有少數藝蘭專家互相品賞。我就一點也不懂，很少仔細觀賞，只注意到蘭花怕烈日曝曬，因此蘭花盆架上面，夏天自然搭著天棚，平時也有竹簾涼篷，冬天自然都移到房中去了。蘭花雖然高雅，香味很強烈，但花朵並不艷麗，因此一般市俗的人，看牡丹芍藥、桃花李花、荷花菊花……卻不懂賞蘭花。我也一樣，從小生長北方苦寒山中，土頭土腦，長期身上沒有一點雅氣，又不會冒充風雅，因而一直不懂欣賞它，至於培育藝蘭之道，更是一竅不通了。

忽然有幸漂泊在江南的上海，三十多年前，偶經街頭，看見賣蘭花的擔子，一角錢一盆，忽動雅興，買了一盆，擺在案頭，居然開出兩三朵淡綠的小花，不經意中有一股幽香拂來，的確不錯。這樣我懂了擺蘭花，但不會培育，第二年春天，不但不再開花，而且枯萎了。我便再買了一盆，結果一年之後，又枯萎了。我還不死心，持續買了三四年，也學人家去買山泥等等，可是總是養不活。沈三白《浮生六記》云：「愛花成癖，喜剪盆樹，識張蘭坡，始精剪枝養節之法……花以蘭為最，取其幽香韻致也，而瓣品之稍堪入譜者，不可多得。蘭坡臨終時，贈余荷瓣素心春蘭一盆，皆肩平心闊、莖細瓣淨，可以入譜者，余珍如拱璧。值余幕遊於外，芸（三白妻）能親為灌溉，花葉頗茂，不二年，一旦忽萎死。起根視之，皆白如玉，且蘭芽勃然，初不可解，以為無法消受，浩歎而已。事後始悉有人欲分不允，故用滾湯灌殺也。從此誓不植蘭。」

沈三白多才多藝，是文人又精於園藝的，這段藝蘭文字寫得十分細緻，「從此誓不植蘭」一句，執著耿耿之情，躍然紙上。不過「欲分不允」與「誓不植蘭」兩句結合看，也可看出這對多才多藝的夫妻胸襟多麼狹窄，雖處乾、嘉盛世，三吳錦繡之邦，還有石琢堂那樣的狀元朋友，卻仍然處處碰壁，坎坷終身，不是沒有原因的了。

蘭花是雅人的花、文人的花，我也有幾位精於藝蘭的好友，我卻始終無心學，也弄不來，看來只能作個不學無術的俗人了。

荷與蓮

千姿百態看蓮花

蓮花一身都是寶：藕、蓮子是很好的食品，剝了蓮子的乾蓮蓬、蓮葉、蓮梗，是很重要的藥材。根、梗、花、葉、子以及苦苦的蓮芯，無一不爲人所利用，無一不對人作出貢獻。

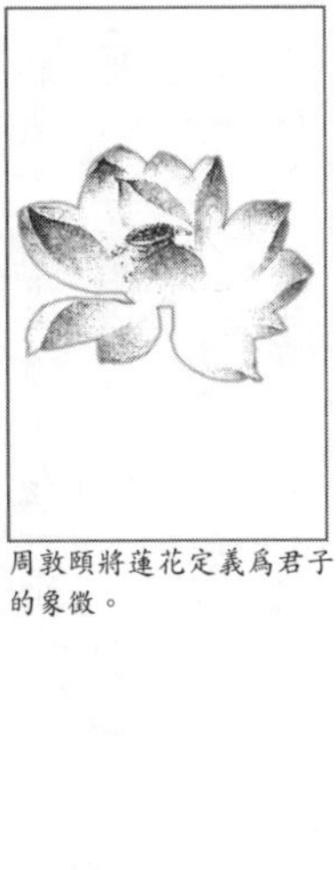

周敦頤將蓮花定義爲君子的象徵。

「蓮，花之君子者也。」小時候讀熟了周敦頤〈愛蓮說〉這句話，便對蓮花產生了憧憬，後來又知道「荷花」就是蓮花，又知道「菡萏」、「芙蕖」也是蓮花。對這一品而多名的名花，知道的就更多了。

「彼澤之陂，有蒲與荷」、「彼澤之陂，有蒲菡萏」，這是《詩經・陳風》中的章句，陸璣《毛詩草木鳥獸蟲魚疏》中道：

> 荷，芙蕖，江東呼荷，其莖茄，其葉蕸，莖下白蒻，其花未發為菡萏，已發為芙蕖，其實蓮。蓮青皮裹白子為的（蓮子）。的中有青，長三分如鉤，為薏，味甚苦。故俚諺云苦如薏是也。的五月中生，生啖脆，至秋表皮黑，的成實，或可磨以為飯，如栗也。輕身易氣，令人強健，又可為糜。幽州、揚、豫取備饑年。其根為藕，幽州謂之光旁，為光如牛角。

雖是名書，畢竟是古老的記載了。所說「其莖茄，其葉蕸，這不但在口語中聽不到，無人知曉，即使在古人詩文中也很少看到。所說「諺語」，應是當時最普通的俗語，現在江南似乎也未聽人說起過，可見其古老了。只有「菡萏」、「芙蕖」在古人詩文中還偶然見到：「太液芙蓉（或作芙蕖）未央柳」、「菡萏香消翠葉殘」，這不都是常誦的名句嗎？

蓮子美味，荷花詩情

至於所說蓮子，江南人叫「蓮芯」，可以吃，而且「輕身易氣，令人強健」，照現在說法，其營養價值、藥用價值都很高，這同現在人的理解完全一樣。而這一科學認識，在一兩千年前，在民間就很普遍，這不也正可見中國古老飲食文化文明先進之一斑嗎？

童年時，雖然讀熟了《詩經》中的「彼澤之陂，有蒲有荷」和短短的〈愛蓮說〉，對大片荷花卻從未見過，也未想過。只是有一樣，對蓮子卻很愛吃，過年時，上面鋪滿蓮子、上澆糖汁的八寶飯，不用說了，眞是又甜又香又糯。即在平時，也常吃冰糖蓮子羹。雖然是山鄉古鎮，但街上的雜貨鋪中，乾果海味照樣有得賣，海參、干貝、蓮子等並不稀奇。平時煮蓮子羹，都是母親親自動手，把乾蓮子用溫水浸上，浸到一定時間，然後我陪她慢慢剝那絳色的衣，用銀針捅那嫩綠的苦芯……

蓮花的生長區域，遠較梅花爲廣。因它雖是水生植物，但是炎夏季節盛開的花朵，在盛夏的氣溫，南北各地相差並不甚大，因而在北方，如有水面，夏天也能長很好的蓮花。比如河北省白洋澱水澤地區，就有大面積荷塘。承德避暑山莊也有大片大片的荷花。至於北京，那就更不用說了。前三海、什刹海、後海、昆明湖、被焚毀的圓明園福海，這都是著名的賞荷勝地。舊時有的是皇宮內苑，有的是普通老百姓遊覽勝地，都以荷花爲中心。荷花市場、蓮花燈、荷葉餅、荷葉粥、蓮子粥、鮮蓮子冰碗、蓮花白、蓮蓬、白花藕……隨便一數，就有這麼許多富有詩情畫意與荷花有關係的事物。連「夾天蓮葉無窮碧，映日荷花別樣紅」的杭州西湖都比不上，不用說其他城市了。

刻成蓮花結佛緣

我也不能深刻理解，爲什麼北京人這樣喜愛與蓮花有關的事物。我想不外乎三種原因：一是北京有種荷花的自然條件，西山下來的一股好水，在低窪地區聚成大大小小的水面。都又不太深，正好種荷花。二是多少受一些蓮臺法座等佛教的影響，好多工藝雕刻，如四合院垂花門的垂花，大多都刻成蓮花。一般人雖不懂《妙法蓮華經》、「蓮社九宗」等禪理和佛教故事，但每年七月七日、七月十五盂蘭法會、鬧盂蘭、燒法船、放河燈、點蓮花燈，卻都是大人小孩愛好的事。三是北京舊時人們懂得生活情趣，連賣肉的屠夫，都懂得生活的美，霜雪般的快刀，一揮就切下一片準斤準兩的雪白鮮紅的五花鮮豬肉，放在碧綠的鮮荷葉上，讓你托回家去……這不比任何裡三層、外三層的人工包裝還美嗎？其美在於新鮮、自然、明艷，有生活趣味。

人說蓮花一身都是寶：藕、蓮子這都是很好的食品，自不用說了。剝了蓮子的乾蓮蓬、蓮葉、蓮梗，都是很重要的藥材。根、梗、花、葉、子以及苦苦的蓮芯，無一不爲人所利用，無一不對人作出貢獻。這樣的奉獻精神，卻沒有清冷的梅花、艷麗的牡丹、幽雅的蘭花等被人重視，實在是很不公平的。

蓮花的萬種風情

蓮花的種類也很多，據明人王圻《三才圖會》記載：有千葉黃、千葉紅、千葉白、紅邊白心、馬蹄蓮、墨荷等等。但在北京、蘇州二地，一般常見是紅蓮、白蓮二種，而吃藕則以白蓮爲最好，北京市聲「哎——白花藕來——」，曼長而美妙，可解宿酲，可醒午夢，蘇州葑門外金鷄湖一帶的村姑，藍印花布頭巾、藍印花布作裙，滚圓的肩臂；扭動著腰肢，在晨曦中挑著百來斤的白花藕擔子進城來賣，那比茁壯的亭亭玉立的盛夏白蓮花、紅蓮花還好看，是健康的美、生活的美——而不是癩蛤蟆鼓氣般醜態百出的「美」。

紅蓮好看，像少女的笑靨；白蓮更動人，像年輕孀婦的淡妝……昆山有並蒂蓮，這是稀有的吉祥花，因其不普遍，實際只是名稱好聽，也沒有多大意思。

有一年我住在杭州裡西湖，正是五月間荷錢初浮水面時，常在湖邊看那漂在水面上的荷葉，小魚在水中鑽來鑽去，我忽然想到古詩中「蓮葉何田田，魚戲蓮葉東，魚戲蓮葉西……」的妙趣，原來詠的是新出水的荷葉。等到萬柄碧荷，一望無際時，又哪裡看得到葉底的游魚呢？

我不只一次在昆明湖、北海等處於狂風暴雨中看荷花，那萬柄荷葉，在狂風中像海浪般地翻滾，墨綠灰白的色彩在跳動，轉瞬之間，大雨點劈劈拍拍，像無數雪白珍珠跳動在綠葉上，光彩四射，接著傾盆大雨，從天而降、一片空濛，不分上下，荷葉荷花，千枝萬柄，披離在水中、霧中、迷濛中……一會兒、雨過天晴，荷葉上滚動著晶瑩的水珠，青蛙咯咯地又叫了，突然，一個翠綠的小蛙跳到荷葉上，紅色的花，在斜陽中、在彩虹中，照耀著……

有一年秋天，坐火車去成都，行經漢中萬山中時，正是晨光曦微之際，火車一會兒鑽進山洞，一會兒鑽出山洞，每出山洞，便見極小的山村人家，都有一小片荷塘，雖翠葉殘破者已多，而尚有殘花紅艷照人，楚楚於秋風晨露中，偶有白鷺立在荷花邊上，火車經過，忽然飛起……這是我生平所見另一種極爲動人的荷塘小景。

荷花也是足以代表悠久文化的花，它也可以入樂，梅花有「江城五月落梅花」的〈梅花三弄〉；荷花也有「開口便唱〈蓮花落〉，落盡蓮花哪有人」的〈蓮花落〉，這卻是眞正的平民文學呀！

滿園秋菊壓群芳

菊花

北京人一直把菊花叫作「九花」。花農早上挑著花擔子帶著朝露、迎著晨風，串胡同叫賣菊花：「栽——九花欸——」聲音抑揚而曼長，叫你「栽」，而不是叫你買。

「採菊東籬下，悠然見南山。」菊花象徵隱逸。

說到菊花，首先想到就是幾千年前的老話：「鞠有黃華。」接著就想起「採菊東籬下，悠然見南山」的自然、閒適。至於「簾捲西風，人比黃花瘦」，那又是閨秀情懷，千古絕唱了。

梅花是因了詩人的讚賞和寄託感情而聲名大振的；菊花同樣如此，晉陶淵明獨愛菊，宋周敦頤〈愛蓮說〉中便說：「菊花，隱逸者也。」從此之後，不少種菊花的文人，便以隱逸標榜了。當然，隱逸也得吃飯，還得有點無求於人的財力，有點種菊的土地，不然隱逸也作不成。因爲隱逸還是「自由人」，「山漢交了糧，上山爲了王」，只要完了國家課賦，便能自由自在作隱逸。而催租吏一至，也便馬上愁容滿臉了。所以當年陶淵明作隱逸，也不是十分容易的。

秋菊盈園，香而不濃

「鞠有黃花」，「鞠」就是菊，似乎從古以來，黃色的菊花就是正宗，而且都是小朵的。所以書上稱這種菊花叫「眞菊」，是眞正的菊花。《群芳譜》中說：「甘菊、一名眞菊，一名家菊、一名茶菊，花正黃，小如指頂，外尖瓣，內細萼，柄細而長，味甘而辛，氣香而烈，葉似小金鈴而尖。」

照《群芳譜》所寫，這種眞正的菊花，雖然顏色正黃，但花很小，好像並不好看。所說「氣香而烈」，在實際生活中，好像菊花香並不濃烈。像蘭花、丁香、桂花等等芳香花木時時飄著香的菊花我從未聞到過。《群芳譜》同時說：「九華菊乃淵明所賞，今越俗多呼爲『大笑』，瓣兩層者曰『九華』……九月半方開，昔淵明嘗言『秋菊盈園』，其詩集中僅存『九華』一種。」「九華」這一名稱是很古老的了，而延續到後代，北京人一直把菊花叫作「九花」。右安門外的花農，早上挑著花擔子帶著朝露、迎著晨風，串胡同叫賣菊花：「栽——九花欸——」聲音抑揚而曼長，叫你「栽」，而不是叫你買。

賞菊宜在自然之態

《燕京歲時記》云：「以九花數百盆，架庋廣廈中，前軒後輊，望之若山，曰『九花山子』，四面堆積者曰『九華塔』。」這同現在的菊花展覽一樣，一擺大概就是幾十盆、幾百盆，五彩繽紛，爭奇鬥艷，洋洋大觀。其實對這種「隱逸花」說來，千百盆擺在一起，並沒有什麼看頭，因爲顯示不出其風格，況且千百個「隱逸」聚在一起，那還叫「隱逸」嗎？弄不好還有聚衆鬧事、圖謀不軌的嫌疑呢！

菊花最好賞在蕭疏之致、自然之態，東籬秋色、田野風光，一登富貴之堂，便全無韻味了。我最討厭看一個大盆中植蒿子根，上面插上千百朵同樣顏色的菊花，像一把大洋傘或大蘑菇，全無生趣，把自然的生機、自由生長的生命，人爲地束在一起，並不引人注意，轉瞬之間，嚴霜一打，全部枯萎，連根拔掉，扔到垃圾堆中去了，眞是何苦呢？

我有時由此聯想到大小運動會開幕時的團體操之類的項目，那每一個表演的男女小人兒，似乎也像那菊展時插在一起的千百朵大盆菊花一樣的無聊……世界上相似的事似乎太多了。作爲菊花，我寧可生長在荒村野店的籬邊牆下，也不願被插在千百朵同樣命運的大盆中被擺在公園門口，但菊花又哪能自己掌握自己的命運呢？

藝菊工藝流傳已久

大概在「鞠有黃華」的時代，菊花還是野菊花。只是人們已注意到它是秋天九月的花朵，稱之爲「節華」。漢崔寔《四民月令》云：「九月九日，可採菊花，收枳實。」

李時珍《本草綱目》中引《本草經》並崔寔《四民月令》，解說甚詳。據云：「菊一名節華、一名傅公、一名延年、一名白華、一名日精、一名更生，又云陰盛，一名朱嬴、一名女華。」又云：「節華之名，亦取其應節候也。」

李時珍是注意到菊花的藥用價值，而不是從賞花上著眼。陸佃《埤雅》、蔡邕《月令章句》，都說「鞠」，草名也，都未說到賞玩、種植的事，大概那時還是以野生爲主。

園藝種植菊花，大概自唐、宋以後，品種日繁，這就完全是人工培育的，而且也不只是黃色的了。宋人劉蒙《菊譜》著錄洛陽劉家菊有三十六種。史正志《菊譜》著錄吳門菊花有二十七種。而范成大《范村菊譜》著錄僅范村一地就有三十五種之多。其〈秋日田園雜興〉絕句之十云：

> 菽粟瓶罌貯滿家，天教將醉作生涯。
> 不知新酒堪芻秣，今歲重陽有菊花。

南宋雖是偏安局面，看當時范村的農家生活還是很安寧的，菊花便是很好的點綴和說明。

明人王象晉作《群芳譜》，著錄菊花已有二百七十五種。黃色九十二種，白色七十三種，紅色三十五種，紫色三十一種，粉紅色二十二種，雜色二十二種，已經洋洋大觀了。而清康熙時御敕編撰的《廣群芳譜》，菊花著錄已增至三百一十六種。時至今日，園藝科學日新月異，那菊花的品種究竟有多少，恐怕誰也說不清了。同樣，歷代有多少菊花詩，也是一個無法統計的未知數。

冷艷寒香梅先知

梅花

梅花是江南地帶特有的好花，要的是江南的清冷、潮濕，冬天又不會地凍三尺，而且是零度上下的氣候，這樣它才能開出冷豔寒香的花朵。

「疏影橫斜水清淺，暗香浮動月黃昏。」

梅花是名氣很大的花，其所以名氣大，大概是因爲它有些獨特之處，在其他花都還沒有開放、氣候仍然寒冷的時候它先開，這就與衆不同。但是寒冷是相對的，在十分寒冷滴水成冰的地方，它便又無法生長了。不要說在冰天雪地的黑龍江、蒙古草原……即使以作了上千年都城的北京來說吧，梅花在戶外也是種不活，或是種活也很難開花的。有的人爲此花了不少精力，想在北京種活梅花，使之也像江南一樣，來它個「疏影橫斜水清淺，暗香浮動月黃昏」，但很難辦到。偶有例外，也鮮爲人知。

江南清冷宜梅花

舊時枝巢老人（夏仁虎先生，已故女作家林海音的公公）《舊京瑣記》記云：

北京梅樹無地栽者，以地氣沍寒故也。城中唯貝勒毓朗園中有之，地屬溫泉，土脈自暖，余嘗於二月中過之，梅十餘株與杏花同時開放，惜皆近年補種，無巨本也。

這已是絕無僅有的稀罕物了，可是還是在二月中與杏花同時開放，比江南梅花開放的正月下旬，大概要晚上十天半個月。似乎也很難算作眞正的梅花。詞人張叢碧先生也是好事者，當年作為貴公子，遊歷江南，弄回四株梅樹種到北京寓中，紙窗草薦，勤加護理，但也只活了一株。特寫〈淒涼犯〉記之云：

美人載得同歸去，伊誰為締紅索？作花管領，安排紙帳，畫闌樓角。霜寒忒惡，倚修竹衣單袖薄。似明妃，胡天不慣，抱恨向沙漠。

聞道江南事，塵劫初驚，暗消歡樂。怕辜勝賞，想東風早經零落。喚住冰魂，好重疊龍綃護著。有前盟，臥雪晚歲肯負約。

詞是好詞，花也是好花，可惜在北方種不活。說來梅花也只是江南地帶特有的好花，「十月先開嶺上梅」，這是指大庾嶺的梅花，地近亞熱帶，開得最早。而再往南，南到海南島，熱帶氣候，沒有冬天、沒有寒冷，梅花又不稀奇了。梅花正要的是江南的清冷，氣候潮濕，冬天又不會地凍三尺，而只是零度上下的氣候，這樣它才能開出冷艷寒香的花朵，這就是其特徵了。

「香雪海」的梅樹勝景

《詩經‧秦風》有云：「終南何有，有條有梅。」陝西終南山之南，接近長江流域氣候，所以有梅樹。所以「十五國風」中只有〈秦風〉寫到梅樹，其他則沒有。至於《書經》中的「若作和羹，爾唯鹽梅。」那是指辛酸的梅子，而非梅花。漢、魏之後，中國文化中心南移，大多文人墨客都生長在長江流域，因而對於這開在百花先的梅花，從小看慣，就特別賞識，吟梅的詩篇、寫梅的畫幅，也就車載斗量、汗牛充棟了。

梅花大大被人重視賞玩，是在唐、宋之後。范成大《梅譜》云：

> 梅天下尤物，無問智賢愚不肖，莫敢有異議。學圃之士，必先種梅，且不厭多，它花有無多少，皆不繫重輕。

這簡直是梅花唯我獨尊了。范成大是蘇州石湖人，「年年送客橫塘路」，橫塘連著運河、石湖，邊上就是楞伽山、天平山、鄧尉山，是江南最著名的看梅花的地方，著名的「香雪海」與他所住石湖范村近在咫尺，那眞是花的世界，香的海洋，十幾年前，在花時我幾次去觀賞，方圓多少里的山村，全是老梅樹，被雪白的、緋色的花所覆蓋著，雲蒸霞蔚，站在高處，一眼望不到頭，汽車經過時，花枝像林蔭道一樣，幾十分鐘走不完。

梅的種類，據《梅譜》記載：有江梅、早梅、官城梅、消梅、古梅、重葉梅、綠萼梅、百葉緗梅、紅梅、鴛鴦梅、杏梅等品種。我在「香雪海」得到的一些知識，只能區分一般白梅，未開時，花萼緋色，開後顏色變淡，成爲稍泛緋韻的白色。綠萼梅，花萼碧綠，開後變白，但也稍泛綠光。胭脂梅，有兩種，一種近朱紅，一種近海棠紅，十分冷艷。但一般梅園中較少。因爲大面積種梅樹，目的不是看花，而是結果，梅子酸酸的，甜甜的，原是姑娘們愛吃的食品呀，何況「青梅如豆柳如眉，日長蝴蝶飛」，這如豆的青梅，又是多麼引人神思的呢？

「梅妻鶴子」難效法

林和靖「梅妻鶴子」的故事，是梅花中最有名的。當年林處士隱居孤山時，那裡有多少梅花，現在不知道。三十年前，我每年寒假回杭州，總要去幾趟孤山，徘徊在放鶴亭畔的梅林中，看到的卻都是一些小梅樹，遠沒有香雪海梅林繁盛。而且杭州氣候在冬天很冷，趕上寒雲釀雪天氣，在那些小梅林中看花，雖然淸幽到極點，但那陰濕寒冷的感覺，實在夠人受的，穿任何皮衣，都感到有一種透骨寒意。我眞懷疑林和靖怎麼會想到「梅妻鶴子」，眞是一顆標準「冷酷的心」，是可以欣賞，卻是無從效法的。

梅花似乎只是詩人的花、畫家的花，據傳近代人彭玉麟，有萬首梅花詩，而我卻只記得他「彭郎奪得小姑回」一句詩，對於他的梅花詩一句也不知道，他這萬首梅花詩眞是白寫了。抵不上「疏影」、「暗香」這十四個字，可見文學藝術上，有時數量是戰不勝質量的。

說起畫梅花，首先想起宋人宋伯仁的《梅花喜神譜》，那眞是一本別開生面的有趣味的書，有好事者曾翻印過，我也有一本，卻被「煞神」抄家時抄走了。可見「喜神」遇到「煞神」，那還是要一敗塗地的。

《墨梅》圈點梅花神韻

實際所說畫家畫梅，那也還是「文人畫」，我見過最精彩的一幅是傅靑主的《墨梅》，八尺大宣紙用草書筆法圈點滿紙，近看一片糊塗；離開三公尺觀賞，繁花密枝，繽紛滿樹，枝枝可見，朵朵可嗅，恍疑蜂蝶飛舞其間，眞是歎爲觀止的神品。我卻有時想，傅山是山西人，生平似乎沒有到過江南，並未見過大株的梅樹，爲何能畫出這樣神似的墨梅呢？專門臨摩古人的作品，似乎難以畫出這樣的神品，眞叫人納悶！

詩人的花也好，文人畫也好，看來梅花本身還是因文人的讚賞而大大出名的。當年南京政府還把它定爲國花，直到現在臺灣還在使用。我從小生長在北方苦寒的山鄉，冬天戶外凍土三尺，一派荒漠的黃土地、黃土山，只有大雪時的雪花，哪裡還有什麼其他花朵。正月十五鬧元宵，拗個枯樹枝，黏點紙花，插枝蠟，謂之「乾枝梅燈」，心裡卻想著江南的梅花，這朦朧的憧憬，寄託著苦寒地區山漢的夢幻，想想多麼可憐呢！

我第一次看見眞的梅花，是在近六十年前的北京，過年了，父親從花局子買了兩盆盛開的梅花，放在燒著洋爐子、開水壺從早到晚突突響著的堂屋中，陽光照著，熱氣蒸著，眞香呀，眞艷呀！這是生平所見最幸福的梅花。雖然是種在盆中的，是龔定庵〈病梅館記〉中所說的那種梅花，但靠花匠的手藝和北京人家房中的溫度，那花開得實在繁艷，給人的感覺是熱烈的，和江南清冷的梅花實在不同。我始終是眷戀著前者而感傷著後者。「紙帳梅花舊夢覺」，這夢總是江南清冷的夢；而在梅花開時，我總是膽怯江南的春寒啊！

嬌紅驚艷二月天

海棠

四川到處是海棠，而詩聖杜甫在四川多年，詩中卻無吟海棠者。於是好事者說，杜甫母親名海棠，所以不詠海棠。

詩聖杜甫不吟海棠。

《紅樓夢》中寫怡紅院，寫了一株海棠，名叫「女兒棠」，說是有閨閣風度，又配了一株芭蕉，蕉、棠映照，就顯現了「怡紅快綠」的境界。同書中又寫了作詩興詩社，因了兩盆白海棠，故名「海棠社」。一個是春天開花的木本海棠，一個是秋天開花的草本海棠，又叫「秋海棠」。過去人說中國地圖，像一張秋海棠葉子，因之有人從小說改編成爲話劇的《秋海棠》，當年演出時，曾轟動南北。

海棠之美，雲蒸霞蔚

海棠的種類很多，木本中有四大類，即貼梗海棠、垂絲海棠、西府海棠、木瓜海棠。花色有大紅、粉紅、粉白，花瓣有單瓣、重瓣。秋海棠草本，也有許多種，四季海棠、竹節海棠、斑葉海棠、毛葉海棠等。秋海棠還有別名曰「相思草」、「斷腸花」。據《花鏡》所載，秋海棠一般紅色、嫩紅色。而變種也有黃、白二色。所以在《紅樓夢》中賈芸弄到兩盆「白色海棠」孝敬寶玉，也只是比較少見而已，並不十分稀奇。

木本海棠四大品種，在植物學中，還不同屬。如貼梗海棠，屬薔薇科木瓜屬；而西府海棠，則是薔薇科蘋果屬；至於垂絲海棠，則是把海棠接在櫻桃樹上，接枝而成，本身並不是一獨立品種。四種海棠，貼梗開花最早。而最美麗嬌艷的，還要屬垂絲和西府二種。《花鏡》中述西府海棠云：「二月開花，五出，初如胭脂點點然，及開，則漸成纈暈明霞，落則有若宿妝淡粉。」其述垂絲海棠云：「其瓣叢密而色嬌媚，重英向下，有若小蓮，微遜西府一籌耳。」

海棠之美，一在於花色嬌嫩，像少女之唇色、臉色，紅中有白，白中有紅，不勝嬌羞。二是開花是一簇簇的，三五朵一簇，密綴枝頭，開得十分繁。比之於日本櫻花，繁密雖不及，但其嬌紅顏色，遠遠過之。當其盛開時，用「雲蒸霞蔚」形容之，一點也不過分。兒時住在北京蘇園，在其園中花廳前，有兩大株西府海棠，年年著花眞是繁茂，一樹嫩紅，是任何桃花、杏花、李花等無法比擬的。秋天還要好看，一簇簇的海棠果，滿滿一樹，把枝條都壓彎了。

四川遍地是海棠

海棠各地都有，但北京人特別喜歡種，而且明、清兩代，見諸文人著述的名海棠也多。清人龔定庵（龔自珍）有〈西郊落花歌〉，就是詠海棠的，他形容落花云：

> 如錢塘潮夜澎湃，如昆陽戰晨披靡，如八萬四千天女洗臉罷，齊向此地傾胭脂……又聞淨土落花深四寸，冥目觀想尤神思。

看這海棠花的氣勢，在定庵筆下，完全不是女兒神態了。所說「大十圍者八九十本」，或有誇大處，但海棠可長成大樹，我在北京虎坊橋晉陽飯莊（即紀曉嵐閱微草堂故址）看到的二三百年的老海棠，也近三層樓高，相當可觀了。

海棠產地最著名的是四川，宋沈立著〈海棠百詠〉，第一首就寫道：「岷蜀地千里，海棠花獨妍；萬株佳麗國，二月艷陽天。」

海棠是春花，故詩中說：「二月艷陽天。」而事實上在四川，海棠春天開過後，秋天還要開花。有一年十月中旬在四川拍完外景，在成都去逛草堂公園，見園西面小河兩旁，全是海棠，正在著花，雖不及春花繁多，但招展枝頭，也相當可觀。

杜甫從不詠海棠

四川到處是海棠，而杜甫在四川多年，詩中卻無吟海棠者，晚唐鄭谷〈蜀中賞海棠〉云：「子美無情爲發揚」，可知當非佚失。於是好事者說杜甫母親名海棠，所以不詠海棠。這是宋人王禹偁《詩話》中所記。本是很無聊的傳說：李笠翁畢竟是通人，予以駁斥道：「然恐子美即善吟，亦不能物物吟到，一詩偶遺即使後人議及父母，甚矣，才子之難爲也。」

吟詩並不是編目錄，編圖譜，吟什麼，不吟什麼，全是一時興會，哪能以此來論詩呢？再者，海棠無香，也是文人學士爭議不休的。與鰣魚多刺、金桔味酸，蓴菜性寒、曾鞏不能詩列爲五大憾事。沈立的《海棠記》還解釋道：「嘉州色香並勝，大足治中舊有香雲閣，號曰海棠香國。」

海棠花香蝴蝶知

嘉州就是樂山，大足是其屬縣，都在四川。可惜我去樂山在夏天，沒有趕上海棠花期，未能聞聞海棠香，十分遺憾。而李笠翁也有不同的議論。他說：「然吾又謂海棠不盡無香，香在隱約之間，又不幸不爲色掩。如人生有二技，一技稍粗，則爲精者所隱；一技太長，則六藝皆通，悉爲人所不道……吾欲證前人有色無香之說，執海棠之初放者嗅之，另有一種清芬，利於緩咀，而不宜於猛嗅。使盡無香，則蜂蝶過門不入矣。何以鄭谷〈詠海棠〉詩云：『朝醉暮吟看不足，羨他蝴蝶宿深枝。』有香無香，當以蝶之去留爲證。」

這段話說的既通達、又科學，而且還經過自己調查研究。看來海棠是有點香味的，不過比較淡，只有敏感的蝴蝶才能聞到。

女子思念「斷腸花」

唐李德裕《平泉草木記》說：「凡花木以海名者，悉從海外來，如海棠之類是也。」但是不少書中說，海棠產於中國，而唐代四川便多海棠。是什麼時候由海外傳來爲什麼西蜀獨多呢？誰也說不清，縱使來自海外，也是很古老的事了。

秋海棠草本，顏色也是嫩紅，四個花瓣。大大的葉子，矮矮的枝幹，花開嬌艷異常，人說有如「美人倦妝，性喜陰濕，不需肥料，是一種很易栽種的宿根草本花卉。一般也無香，而定州、昌州品種有香。李漁《閒情偶寄》評秋海棠云：

較春花更媚……春花肖美人之已嫁者，秋花肖美人之待年者；春花肖美人之綽約可愛者，秋花肖美人之纖弱可憐者。處子之可憐，少婦之可愛，必將娶憐而割愛矣。相傳秋海棠初無是花，因女子懷人不至，涕泣灑地，遂生此花，故名為「斷腸花」……

如以《紅樓》中人比擬；或薛寶釵可比西府海棠、林黛玉可比秋海棠乎？

尋常花草也風情

牽牛‧鳳仙

牽牛花經太陽一曬，熱氣一蒸，便很快萎謝，明天當有另一批花開，而這一批一個早晨就完成它的使命。時間短促，使人感傷，日本人「朝顏」的花名，是頗合這花的身世的。

名人愛種牽牛花的不少，梅蘭芳也是其一。

「朱雀橋邊野草花」，人們賞花重視木本花，或珍貴的蘭花等，而對於一般的野草閒花，是不大重視的，只不過是尋常百姓家的花草耳。我是尋常百姓，因而對於閒花野草是頗有感情的。

第一覺得可愛的是牽牛花，小時住在北京尚書第的後院中，西房院外面對一面高牆，牆下有一條窄窄的泥地，這房子原來是法蘭西古典文學專家鮑文蔚教授租住，大概是他居住的時候，他家人在這條隙地上種滿了牽牛花，夏天便爬滿一牆，到了秋天，也無人去收籽，成熟的小籽便自由地落在下面泥土中，到了來年春夏之間，又發芽長了出來，慢慢又爬滿高牆了。上午六七點鐘，便開滿了一朵朵的小喇叭花，北京人習慣就叫它作「喇叭花」，淡紫色的、紫色的花朵，帶著露水，在朝陽中招展著，文言中有「娟娟」這一形容詞，我感到形容牽牛花最好。

梅蘭芳的特大牽牛花

可是開的很大的花朵，到太陽一高，熱氣一蒸，便很快萎謝了，明天當有另一批花開，而這一批一個早晨就完成了它的使命了。時間短促，使人感傷，日本人「朝顏」的花名，是頗合這花的身世的。在晚間乘涼時，滿牆的綠葉會隨風而動，我們在葉間找大的花苞，捲成一個胖胖的花卷時，說明它明天一早又要開放了；孩子們是不會因爲它花時的短暫而哀傷的。童年的夢總是甜蜜的，因此對牽牛花也特別憐愛。

五年前原住所改建，放出一個陽臺，妻子在陽臺盆中種了一些牽牛籽，居然牽藤引蔓，長得很好，初秋之際，天天開花，最多時也開出幾十朵花，便用相機拍了不少張照片，留下一點雪痕，心情雖然和童年時兩樣，但對牽牛花喜愛的感覺並沒有不同。搬到新居，本來還想種一些，可是留的一包花籽，經過搬家已找不到了，所以沒有再種。

名人愛種牽牛花的不少，我所知種牽牛花最有名的是梅蘭芳。有幾年，齊白石一到花期，便去觀賞，後來北平淪陷時，白石有詩云：「種得牽牛如碗大，三年無夢到梅家。」這已是五十幾年前的京華故事了。

牽牛子在醫藥中是重要的一味藥，因丑屬牛（丑是十二地支中的第二位，在十二生肖中丑屬牛），便又名牽牛黑子爲「黑丑」、白子爲「白丑」。另外還有「草金鈴」、「盆甑草」、「狗耳草」等別名。在《花鏡》中說：「採嫩實鹽焯或蜜浸，可供茶食。」這不知如何，因爲在《本草綱目》中「牽牛子」是瀉藥，如信《花鏡》的話，那弄不好豈不要出毛病？

鳳仙花是「賤品」？

家常草花，第二種值得一提的是「鳳仙花」，北京人叫它「指甲草」，直以「草」呼之，可見已不當它是花了。實在說，鳳仙花也只是情調美，花本身是並不十分好看的。

鳳仙花的別名很多，又叫小桃紅，又叫海納，又叫早珍珠，又名菊婢。最後一個別名不知是誰起的，把它比作菊花的婢子，未免有點小看了它。《花鏡》中說：「花形宛如飛鳳，頭翅尾足俱全，故名金鳳。」這說法也有些誇大。鳳仙花的種類也很多，有重葉、單葉、大紅、粉紅、淺紫、白碧等品種。又有白花上帶紅點的，叫作「灑金」，有一株上可以開出幾種顏色的花朵。此花原產印度，後來傳入中國，隨處都可種植，《花鏡》上說它「乃賤品也」，可見對它的輕視。

皇太后用鳳仙花染指甲

鳳仙花的爲人們喜愛，主要還在於它能夠爲姑娘們染紅指甲，早年間沒有爲婦女們染紅色指甲的化學油脂，有了鳳仙花，可以解決這個問題，所以連身爲皇太后的那拉氏也不得不用鳳仙花染紅指甲了。宋周密《癸辛雜識》云：

鳳仙花紅者用葉搗碎，入明礬少許在內。先洗淨指甲，然後以敷甲上。用片綿纏定過夜。初染色淡，連染三五次，其色若胭脂，洗滌不去，可經旬。直到退甲方漸去了。

所說用葉搗碎，實際連梗也可用，但要加礬，不然是染不上的。它的得名的由來，名鳳仙，因其如鳳；名指甲花、指甲草，因其能染指甲；另外宋光宗時，因皇后名「鳳」，宮中呼鳳仙花爲「好女兒花」，這一名字，也很漂亮。關於姑娘們染紅指甲，李笠翁有不同的看法，在《閒情偶寄》中談鳳仙道：

鳳仙極賤之花，只宜點綴籬落。若云備染指甲之用，則大謬矣。纖纖玉指，妙在無瑕，一染猩紅，便稱俗物。況所染之紅，又不能盡在指甲，勢必連肌帶肉而丹之，迨肌肉褪清之後，指甲又不能全紅，漸長漸退，而成欲謝之花矣。始作俑者，其俗物乎？

這「纖纖玉指，妙在無瑕，一染猩紅，便稱俗物」四句，道理說得十分透。而且十個指甲鮮紅使人有雙手沾滿鮮血的感覺。記得拍《紅樓夢》電視劇時，曾爲此與人爭論過。但社會上，世俗的審美觀點多，眞正理解美的人常感太少了。

牽牛和鳳仙，都是草花中的宜人者，歷代詩人詠唱者不少。這裡引曹雪芹乃祖曹楝亭兩首小詩，作爲結束。〈詠鳳仙〉云：

水浴新蟾透碧紗，略施鉛粉啖香茶。晚涼庭院真無事，摘盡一階金鳳花。

〈牽牛紅蜻蜓〉云：

黑丑花開早晚涼，紅蜻蜓出雨絲香。清秋最要濃描寫，莫種梧桐夜漏長。

詩並不好，且是題畫詩，聊備一格吧。有哪位畫家如再畫此二花，不妨把這兩首詩題上。

芍藥

芍藥與牡丹拚第一

芍藥在春末夏初開花，故又名「婪尾春」。古人別離時以芍藥相贈，因之又名「將離」或「餘容」。此外，「芍藥」二字是「綽約」的一音之轉，表示美好的意思。

王安石曾參加芍藥「金帶圍」的賞花會。

芍藥是草本的，開花同牡丹一樣富麗，但比牡丹晚幾天。按次序是牡丹開過看芍藥。江南是穀雨三朝看牡丹，大約七八天後芍藥也就開了。北京中山公園花期表是五月一日各色牡丹開，五月十九日各色芍藥開。而江南花期要早十天到半月。實際上二者是銜接的。遲開的牡丹殘了，早開的芍藥已一朵兩朵含苞欲放了。如間種在花畦中，猛一看是分不清的。只是草本木本不同，葉子也不一樣。

芍藥開在春末夏初之間，因而又名「婪尾春」。古人別離的時候送花送芍藥，因之又名

「將離」，又名「餘容」。最早是草藥，《詩經》有「贈之以芍藥」句。陸璣《毛詩草木鳥獸蟲魚疏》道：「芍藥，今藥草。芍藥無香氣，非是也。未審今何草。司馬相如賦云：芍藥之和。揚雄賦云：甘甜之和，芍藥之美，七十食也。」

揚州芍藥甲天下

李時珍《本草綱目》記芍藥別名又有犁食、白術、鋋。又曰白者名金芍藥，赤者名木芍藥。但木芍藥又是牡丹的別名。因而容易混淆。又說：「芍藥」二字是「綽約」的一音之轉，是美好的意思。「此草花容綽約，故以為名。」芍藥原野生在丘陵地帶，後來移植人家，處處都有。淮南所產最好，春生紅芽作叢，莖上三枝五葉，似牡丹而狹長，高一二尺，夏初開花，有紅、白、紫數種。晉崔豹《古今注》說，芍藥有二種，有草芍藥、木芍藥。木者花大而色深，俗呼為牡丹。而有的書中說不是。但今天我們常見的只是草本的芍藥、木本的牡丹，並不再有什麼「木芍藥」存在。李時珍說：「昔人言洛陽牡丹、揚州芍藥甲天下。今藥中所用，亦多取揚州者。」

「金帶圍」是芍藥之首

自宋朝以來，揚州芍藥就很出名。揚州有很有名的芍藥故事，就是「金帶圍」，又名

「金纏腰」，見沈括《夢溪補筆談》，說是韓琦當年以資政殿學士到淮南作長官，一天後園中芍藥一桿分爲四枝，各開一朵上下紅、中間一條黃的名花，十分艷麗，就請四個客人一同賞花。這四個客人都是青年朝官，正好路過揚州，都來參加宴會，這四個人後來都作了宰相，其中一位就是大名鼎鼎的王安石。

自此芍藥中的「金帶圍」成了十分名貴的品種，北京中山公園廣種芍藥，有三千多叢，以上下瓣粉紅、中間一圈有數十黃瓣的「金帶圍」列爲群花之首。並有故事，據《中山公園紀念册》記云：

> 民國八年本園賀董事雪航、闞董事霍初由朝鮮釜山中華領事館移來。據辛領事寶慈云：在釜山時，花大徑尺，與《群芳譜》所記宋花相合。唯以土脈關係，藝者久未得其性，故花之大終未能如辛領事所云云。

據此可知，這名貴的「金帶圍」芍藥，不但中國有此品種，外國也有此品種了。

宋王觀寫過一本《芍藥譜》，另外劉攽也寫過一本《芍藥譜》。芍藥的品種和牡丹一樣，同樣也是越變越多，實際都是人工培育的。王觀《芍藥譜》中說：

今洛陽之牡丹，維揚之芍藥，受天地之氣以生，而大小淺深，一隨人力之工拙而移其天地所生之性，故奇容異色，間出於人間。

這就是說明人工培育，品種越來越多。在王觀作《芍藥譜》時，最有名的龍興寺，後來是朱家南北圃，種了有五六萬株。

牡丹、芍藥，誰是花王？

《花鏡》一書把芍藥列在花草類第一品，所列品名，黃色者十八品，有御袍黃、袁黃冠子、黃都勝、道妝黃、縷金囊、峽石黃、妒鵝黃等名稱。金帶圍也在黃色品種中。深紅色二十五品，有冠群芳、盡天工、賽群芒、醉嬌紅、簇紅絲等品名。粉紅色十七品，有醉西施、淡妝勻、怨春紅、妒嬌紅、含歡芳等品種。尚有紫色十四品，白色十四品，共計八十八種。

過去人稱牡丹為「花王」、稱芍藥為「花相」，似乎是「相」要聽命於「王」。李笠翁在其《閒情偶寄》中，大為芍藥叫冤云：「冤者……雖別尊卑，亦當在五等諸侯之列，豈王之下、相之上，遂無一位一坐、可備酬功之用者哉？歷翻種植之書，非云花似牡丹而狹，則曰子似牡丹而小，由是觀之，前人評品之法，或由皮相而得之。噫！人之貴賤美惡，可以長短肥瘦論乎？每於花時奠酒，必作溫語慰之曰：汝非相材也。前人無識，謬署此名，花神有靈，付之勿較，呼牛呼馬，聽之而已。」

豐臺芍藥甲天下

明、清以來北京豐臺草橋的芍藥最多，乾隆時潘榮陛《帝京歲時紀勝》專門有一篇題爲〈豐臺芍藥〉的短文云：

京都花木之盛，唯豐臺芍藥甲於天下。舊傳揚州劉貢父譜三十一品，孔常父譜三十三品，王通叟譜三十九品，亦云瑰麗之觀矣。今揚州遺種絕少，而京師豐臺，於四月間連畦接畛，倚擔市者日萬莖。遊覽之人，輪轂相望。惜無好事者圖而譜之，如宮錦紅、醉仙顏、白玉帶、醉楊妃等類，雖重樓牡丹亦難為比。

書中所記，某些品種的芍藥，比重瓣牡丹還要好看了。實際上也是如此，在某種程度，芍藥比牡丹還好，因爲它是草本宿根，比較容易種，長得特別茂盛，北京舊時都是折枝賣，十分便宜。近人《燕京歲時記》云：

芍藥乃豐臺所產，一望彌涯。四月花含苞時，折枝售賣，遍歷城坊，有楊妃、傻白諸名色。是二花者，最為應序，雖加以爇熉之力，不能易候而開，是亦花中之強項令矣。

牡丹可以人工改變花期，芍藥卻不能。在花品上，這點似乎又比牡丹高一籌了。

花中之王富貴花

牡丹

周敦頤〈愛蓮說〉寫道：「晉陶淵明獨愛菊，自李唐以來，世人甚愛牡丹，余獨愛蓮之出淤泥而不染……」這個說法成爲社會公認的結論，一提牡丹，便是富貴花了。

象徵富貴的牡丹，是耐寒的植物。

牡丹的別名叫「木芍藥」，芍藥的別名叫「草牡丹」，造化妝點人間，那樣的多彩，在樹木中創造了牡丹，在草中又創造了芍藥，一樣的美麗花朵，而根、株、葉卻又不同，且有本質之異，說來與草與木，都可謂十分公允了。

花中之王，抗寒第一

說到牡丹，不由地想起小時候讀熟的〈愛蓮說〉，文章一開頭就寫道：「晉陶淵明獨愛菊，自李唐以來，世人甚愛牡丹，余獨愛蓮之出淤泥而不染……」因此最後得出結論：菊花，隱逸者也；牡丹，富貴者也；蓮花，君子者也。這個結論十分形象，遂成爲社會公認的結論，一提牡丹，便是富貴花了。其實人世間富貴自富貴，牡丹自牡丹，二者本無關係，被文人學士把它們拉在一起來了。富貴現在似乎已不是什麼壞事了，但對一般人說來，也只是羨慕而已。

而牡丹的確是花中最豐滿美麗的，又號「花中之王」，別的花無法與它相比，牡丹一般種在地上，才能長得好。盆栽牡丹是很少見的。因此住慣樓房、腳下無立錐之地的人，是無法種牡丹的，只好在牡丹開時，花點錢到公園中看看而已。這也像看人家又富又貴一樣，一切花團錦簇，只是看看而已，孔夫子說：「富而可求也，雖執鞭之士，吾亦爲之。」實際這同阿Q精神是一致的。面對牡丹，坐在邊上，把眼睛閉上，神遊今古，你便可以片刻之間變成沉香亭畔的唐明皇了。當然你還得預先學點歷史，或者把李白的〈清平樂〉三章背熟了，不然，你這一點富貴的幻覺也得不到。

牡丹原產中國北部，是一種十分耐寒的花木，現在陝北山中尙多野生，前見新聞，在內蒙古某地，尙有一株百年牡丹，年年生長茂盛，著花繁多。冬天零下三十度的北方，能生長這樣富貴的花，正說明了這花的抗寒的可貴。在植物分類中，它屬毛茛科，灌木。除「花王」、「富貴花」之外，尙有「鹿韭」、「百兩金」等名。

富貴之花稱霸長安

牡丹唐代盛栽於長安，據段成式《酉陽雜俎》記載，隋朝尚無種牡丹的。開元末，裴士淹爲郎官，出使幽州、冀州，在汾州衆香寺中得白牡丹一株，植於長安私第，天寶中，爲都下奇賞。不少名人曾寫了〈裴給事宅看牡丹〉詩，有一詩云：「長安年少惜春殘，爭認慈恩紫牡丹。別有玉盤乘露冷，無人起就月中看。」這時也正是唐明皇、楊貴妃在沉香亭畔賞牡丹、宣李太白進宮寫〈清平調〉三章的時候。可見當時名寺慈恩寺、大官私宅及宮廷內苑都種了牡丹，以爲一時時尙，牡丹眞是代表富貴的花了。

《酉陽雜俎》還記載：興國寺有牡丹一株，元和中有一年著花一千二百朵。其色有正暈、倒暈、淺紅、淺紫、深紫、黃白檀等。從這一則記載中，可以想見到當時的培育工藝，已經十分高超了。

到了宋代，洛陽牡丹甲天下，歐陽修寫《洛陽牡丹記》，編了《牡丹譜》，南宋陸游也寫了《天彭牡丹譜》，還有周師厚的《鄞江周氏洛陽牡丹記》，與明薛鳳翔《亳州牡丹史》等專著，其他散見於《群芳譜》、《花鏡》等書中關於牡丹的記載，專記牡丹的著作太多了。至於詩、文、小說戲劇中有關牡丹的就更是數不勝數。湯顯祖的名劇便以《牡丹亭》命名，《聊齋志異》把牡丹寫成極爲美麗的戀愛故事。

黑牡丹詩惹來文字獄

牡丹的性格，愛涼怕熱，喜燥怕濕，根窠喜得新土，而且喜重肥。有人養牡丹，秋天把豬大腸斬碎埋在泥土中。怕烈風酷日，要栽種到高敞向陽的地方。過去北京中山公園牡丹畦，夏天中午上面都用葦簾子擋住太陽。夏天澆水必要在清晨及初更，須候地涼後再澆。春分後不可再澆肥料。

據傳八月十五日是牡丹生日。宋朝時洛陽名園，有種上千株牡丹的，每年盛開時，主人必置酒，羅拜花前，以謝花神。此據《花鏡》記載，為什麼要定八月十五日為生日呢？不知道。或者是記錯，或者是另有所本。

牡丹經過能工巧匠的培育，品種越變越多，歐陽修時記載已九十多種；陸遊記載近百種；《群芳譜》記載有一百八十餘種；《亳州牡丹史》記載有一百五十種；《花鏡》記載有一百三十種。計正黃色十一種，大紅色十八種，桃花色二十七種，粉紅色二十四種，紫色二十六種，白色二十二種，青色三種。世有所謂黑牡丹、綠牡丹者，其實並不是純黑、純綠。過去北京崇效寺牡丹最出名，有珍貴品種黑牡丹、綠牡丹，所謂黑，是紫得發黑；所謂綠，是白中透淡綠，這都是我近五十年前幾次看過的。清人有一首詠黑牡丹詩，中有句云：「奪朱非正色，異種亦稱王。」興起一樁文字大獄。現在崇效寺早就沒有了，據說這些名貴的牡丹都移到景山公園去了。

看牡丹，吃牡丹

我對於牡丹有深厚感情，小時候家中即有一株牡丹，在第二進院子西北角香椿樹下面，屋角正好擋住西北風，而承受東南方向的春風和陽光。年年著花繁茂，留下深刻印象。後來到了北京，長期住在蘇園中，蘇園花木繁多，獨少牡丹，其緣故則不可思議。但當時中山公園的牡丹是極好的，大小三十餘畦，有一千多株。當時即使作個舊學生，在花期中也三天兩頭去，泡壺茶和同學坐在花旁，一待就是半天，幾乎年年如此，未曾辜負花期。到了上海之後，也曾幾次到龍華寺及曹溪公園看牡丹，曹溪公園那一叢老牡丹，有一二百年歷史，在上海來說，也是十分著名的了。今春由淳安到天目山，正遇穀雨後，春雨方霽，寺中牡丹正開，多年不看牡丹，觀賞時不勝感慨係之矣。

最後附帶說一小事：盛開的牡丹花，採下後以花瓣浸入麵粉鷄蛋糊中，油鍋炸了，撒些綿白糖吃，極爲香甜。花瓣很厚很香，是難得的佳品，由看花說到吃花，似乎太俗氣了，但這不也是生活嗎？

花茶與化妝品

茉莉

北京人講究喝花茶，叫茉莉雙薰，從江南運茶到北京，再在茶局子用鮮茉莉花薰焙。買回來沖泡時，除混在茶葉中已發黃枯的茉莉花外，總要加幾朵雪白帶著綠蒂的鮮茉莉。

木本茉莉是由海路從波斯移植海南的。

家中一個小陽臺，沒有好花，妻子種了幾盆草茉莉，亦足以點綴幽情，稍添綠意。這種花不值錢，種下後不久便發芽抽葉，蔥茂地生長了。大概過不了一個月，就可以開花了。

茉莉花粉當化妝品

看著這幾盆草花，忽然想到，茉莉也是既有草本，又有木本的。明王象晉《群芳譜》

云：「茉莉有草本者、有木本者，有重葉者，唯寶珠小荷花最貴。此花出自暖地，唯畏寒喜肥，壅以鷄糞，灌以燖豬湯或鷄鵝毛湯，或米泔，開花不絕。六月六日以治魚水一灌愈茂，故曰：『清蘭花、濁茉莉。勿按床頭，恐引蜈蚣。』一種紅色者甚艷，但無香耳。」

這裡草本、木本說得很清楚。而《花鏡》、《本草綱目》中都未說明此點。是不夠完備的。因爲草茉莉同木本茉莉，同名茉莉，卻又有很大不同。即木本茉莉不結實。《本草綱目》說：「初夏開小白花，重瓣無蕊，秋盡乃止，不結實。」說得十分清楚。而草茉莉卻結子很多，黑色子大如小赤豆，破開全是白粉，極爲細膩，是舊時作婦女化妝粉的好材料，北京就叫「茉莉花粉」。《紅樓夢》第四十四回〈喜出望外平兒理妝〉中寫寶玉服侍平兒化妝云：

> 將一個宣窯瓷盒揭開，裡面盛著一排十根玉簪花棒，拈了一根遞與平兒。又笑向他道：「這不是鉛粉，這是紫茉莉花種，研碎了兌上香料製的。」平兒倒掌上看時，果見輕白紅香，四樣俱美，攤在面上也容易勻淨，且能潤澤肌膚，不似別的粉輕重澀滯。

木本茉莉來自波斯

這是《紅樓夢》中的一小段旖旎文字，卻是和茉莉有關的。寶玉口中說是「紫茉莉」，

《花鏡》中有著錄，但《花鏡》在介紹中卻和我現在種的草茉莉，好多地方都不一致。如說「似茉莉而色紅紫」，實際花形和木本茉莉完全不一樣。說「清晨放花，午後即斂」，也不盡然，因爲我種的在太陽落山時，卻又在開花，和夜來香一樣，到晚間香更甚。在注解中說是「多年生草本」，也不對，因「春實頻繁，春天下子即生」，說明它是「一年生草本」，而非多年生草本，不是宿根的。在植物學分類中，木本屬木犀科小灌木，草本屬紫茉莉科。本身即是一科。不過從植物分科中可以看出這原是兩種東西。

木本茉莉來自波斯，《本草綱目》說它是由海路從波斯移植海南的。後來雲南、廣東人廣爲栽種，《草木狀》寫作「末利」，《洛陽名園記》寫作「抹厲」，佛經作「抹利」，《王龜齡集》作「沒利」，洪邁書中作「末麗」，並沒有標準名稱，實際上都只是譯音。

茉莉花茶馨香無比

我小時在北京，所住花園及各大公園很少見過茉莉花，或者有，也不大注意。只是買茶葉，北京人講究喝花茶，叫茉莉雙薰，是最好的。都是江南的茶葉運到北京，再在茶局子用鮮茉莉花薰焙的。買茶葉時，好一點的茶葉，買回來打開紙包一看，除混在茶葉中已發黃枯的茉莉花外，總要加幾朶雪白帶著綠蒂的鮮茉莉。小時總愛揀出一兩朶，放在手心中聞香，那倒是眞香。至於盆中正開放著的茉莉，則在一些著名茶葉鋪如大柵欄東鴻記、張一元等店中有時看到。這些大茶鋪櫃檯外面兩邊都擺著花梨紫檀的八仙桌、太師椅，掛著名人書畫，桌上照例擺一盆鮮花，冬天紅梅、碧桃、山茶，夏天茉莉、梔子等，因而在這種店中可以欣賞盆栽茉莉。

茉莉是熱帶花木，不要說在北京，在江南也是在戶外過不了冬的。四十年前第一次到蘇州逛虎丘，看到大面積數不清的溫室，都是種茉莉花的，且均是盆栽，一尺來高。據《花鏡》中說，廣東一帶有三四尺高的，在江南是看不到的。據說有藤本的，我沒有見過。李漁《閒情偶寄》說：「欲藝此花，必求木本，藤本一樣著花，但若經年即死。」藤本茉莉沒有見過，可能因其「經年即死」，現在已沒有人種了。

茉莉花為女人而生

人說茉莉花是爲女人生的。說別的花白天開，而茉莉卻是夜間開。《本草綱目》說：「其花皆夜開，芬香可愛。女人穿爲首飾，或合面香，亦可薰茶。或蒸取液以代薔薇水。」

簡單地說，茉莉是一種強烈植物芳香劑。我想那麼些種茉莉的花農，最大的出息就是賣給茶廠薰茶葉。至於到了夏天，花販們編成花環和白蘭花一起，賣給婦女們簪頭、掛在衣襟上等等，則完全是爲了聞香了。李笠翁說：「茉莉一花，單爲助妝而設，其天生以媚婦人者乎？是花皆曉開，此獨暮開。暮開者，使人不得把玩，秘之以待曉妝也。是花蒂上皆無孔，此獨有孔。有孔者，非此不能受簪……」

所說蒂上有孔，也是很奇怪的。這一點我從未仔細觀察過。但其香味濃郁，是十分迷人的。余澹心《板橋雜記》云：「至日亭午，則提籃挈榼，高聲唱賣逼汗草、茉莉花……蓋此花苞於日中，開於枕上，眞媚夜之淫葩、殢人之妖草也。建蘭則大雅不群……所謂王者之香、湘君之佩，豈淫葩妖草所可比綴乎？」

同樣是花，余澹心以之比建蘭，香味都很濃，卻格調迥不同矣。

一枝金桂出牆來

桂花與桂樹

高大的桂樹上桂花盛開，有的開滿點點金粟、滿枝油綠葉子的枝椏伸到牆外，正是「老圃秋香關不住，一枝金桂出牆來」了。

「秋花之香者，莫能如桂。」

童年時，家中有四棵八尺多高的桂樹，種在大木盆中，兩棵金桂，兩棵銀桂，每年中秋前後開花時，甜香瀰漫，前後院子都能聞到。後來住在北京蘇園，地上栽種的各種花木都有，而花洞子盆栽花木，已因家道式微，用不起花匠，一切蕩然，只剩下破瓦盆，因而也沒有桂樹盆栽了。在北京看桂花，要到中山公園唐花塢，那裡有不少盆栽桂樹，夏秋之際，都陳列在外面，但一般都只四五尺高，沒有很大的。北京舊家多，私邸中或有盆栽老桂樹，但那都在人家家中，一般人是看不到的。

桂花來到江南成大樹

近四十年前，秋深時節，到了蘇州，住在新學前，出入常走平江路，那狹窄的江南特有的石板路，說是路，實際只是一條深巷，人走在中間，兩面人家高牆，似乎要把你夾起來一樣。有一天我經過時，忽然一縷濃郁的甜香撲鼻而來，十分熟悉的香味，不由使我佇足四下張望，才見一面高高的白牆內，一株高大的桂樹正盛開，有的開滿點點金粟、滿枝油綠葉子的枝椏伸到牆外，正是「老圃秋香關不住，一枝金桂出牆來」了。我驚訝地發現原來在南方，桂花能長成大樹，一下子使我大開眼界，覺得蘇州這地方的確不錯。

這不由地讓我想起一件事。就是「聖誕紅」，又叫象牙紅、一品紅。北京、上海都是盆栽的，耶誕節前後開花，十分明艷高雅，但在上海比在北京難養，北京冬天室內有暖氣或火爐，溫度總在二十多度，所以開得很好，到了上海，冬天室內人們都乾凍著，攝氏十度以上就算不冷了，而一遇降溫，室溫可到零度，這種花便凍死了。前年冬天去福州，又往南走了一千五百里，便大不一樣，驚奇地發現這種花原來是「樹」，種在戶外，滿樹都開大紅花。聽說廣東的紅棉也是大樹，也在冬天開大紅花。這又是嶺南的樹，而非江南的樹了。

金桂銀桂，九里飄香

桂樹既是江南的樹，也是嶺南的樹。宋范成大《桂海虞衡志》是他在廣西桂林做官時著的書，其中說到桂云：

> 桂，南方奇木，上藥也。桂林以地名，地實不產，而出於賓州，凡木葉心皆一縱理，獨桂有兩紋，形如圭，製字者意或出此。

又宋張邦基《墨莊漫錄》云：

> 木犀花江浙多有之，清芬漚郁，餘花所不及也。湖南呼九里香，江東曰岩桂，浙人曰木犀，以木紋理如犀也。

因此「木犀」是桂樹的別名，北京人菜名「木犀肉」、「木犀湯」，是因此而得名的。桂花一般有兩種，白色曰「銀桂」、黃色曰「金桂」，都很香，另有一種紅色的名「丹桂」，被人起作劇場名、藝名，如丹桂第一臺、筱丹桂等，很好聽，但不香。

蟾宮折桂，象徵高中

桂樹最有名的故事是月亮中廣寒宮的桂樹，見唐段成式《酉陽雜俎》，文云：

舊言月中有桂，有蟾蜍，故異書言月桂有五百丈，下有一人常砍之，樹創隨合。其人姓吳名剛，西河人，學仙有過，謫令伐樹。釋氏書（佛教典籍）言須彌山（古印度宇宙觀中，此山位居世界中央）南面有閻扶樹，月過樹影入月中。或言月中蟾桂，地影也。空處，水影也。此語差近。

這段記載，除記錄了故事外，最後三句，也可看出段成式思維上一定程度的科學鑒別能力。

明清兩代考舉人的鄉試在八月中舉行，正是桂花開的時候，因此吉語叫「蟾宮折桂」，以祝賀考中。這是用的《晉書》郤詵的故事，他曾向晉武帝說：「臣舉賢良，對策為天下第一，猶桂林之一枝，昆山之片玉。」這樣留下了「蟾宮折桂」的成語。李漁《閒情偶寄》也特別讚賞桂樹：「秋花之香者，莫能如桂。樹乃月中之樹，香亦天上之香也。但其缺陷處，則在滿樹齊開，不留餘地。余有〈惜桂〉詩云：『萬斛黃金碾作灰，西風一陣總吹來。早知三日都狼藉，何不留將次第開。』」

李漁說桂，又是優缺並提了。而其缺點還沒有說到北方不能種在戶外，長成大樹。因此桂樹倒不是什麼月中之樹，而只是江南之樹罷了。

江南的樹，不能在北方栽種的還很多，如枇杷、桔樹、梅樹、蠟梅樹等。在喬木中，北方很少樟樹，而江南到處都有老樟樹，如杭州城隍山宋樟，更是旣饒古意，又有生機，極爲宜人，都可算作江南名樹了。

杜鵑、鳳仙皆毒草

毒草

杜鵑又名「羊不食草」，陶弘景曾說：「羊食其葉，躑躅而死。」一到三四月間，漫山遍野開的都是杜鵑花。當人們在觀賞這些盛開的爛熳花朵時，又誰知它是「大毒草」呢？

鳳仙花的種子，「氣味微苦，溫，有小毒。」

據說有一種名叫「見血封喉」的毒草，用以浸泡烘焙箭簇刀槍等兵器，即成爲毒箭、毒刀等殺人武器，一觸及人身，只要破了皮、見了血，不管哪個部位，都能立刻使人死亡，是沒有救的。說來十分可怕，但也還要「見了血」才能死人，只看一看還沒有關係，聽了這樣講說「見血封喉」的話，一般也沒有什麼。可見「大毒草」之毒，還是有一定條件和限制的。有吃、嗅、見血等毒，還沒有看毒、聽毒的。

「大毒草」這個名稱是從《本草綱目》書中引用的。這書在說明草藥藥性時，有無毒、有小毒、微毒、毒、大毒等區別。而且毒與不毒、微毒與大毒之間，同樣一種草，又分根、莖、葉、花、子等，有的是整個這種草有毒，有的則是某一部分有毒，某一部分就無毒。比如常見的鳳仙花，俗名染指甲草。因爲過去姑娘們是用整棵鳳仙花連莖帶花葉和礬搗爛了包指甲而染紅指甲的。它的子、花、莖葉都可入藥，而性不同。據記載：「子，氣味微苦，溫，有小毒。」而花則「氣味甘、滑、溫，無毒。」至於根葉則又不同。「氣味苦、甘、辛，有小毒。」因此就鳳仙花本身來說，也很難說它是有毒還是無毒，是否可以叫它爲「小毒草」，還成問題。

韓愈貶官，不忘黃杜鵑

又如「羊躑躅」，它的花注云：「氣味辛，溫，有大毒。」根、莖如何，則未加說明。在小注中卻有「時珍曰：此物有大毒，曾有人以其根入酒飲，遂至於斃也」。可見花和根都是有大毒了。因此應該算是一株「大毒草」。但此物花卻漂亮，以至韓昌黎遠貶南荒還忘不了寫上句「躑躅細開艷艷花。」花色有多種，開黃花的又叫黃杜鵑，開紅花的就是映山紅，就是現在著名的觀賞花紅杜鵑，另外還有白杜鵑，紅白相間的杜鵑。它又叫「羊不食草」。據注：「弘景（按，即陶弘景）曰：羊食其葉，躑躅而死，故名。」江南山中，一到三四月間，漫山遍野開的都是杜鵑花。當人們在觀賞這些盛開的爛熳花朵時，又誰知它是「大毒草」

呢？眞是不可思議的事。

狼毒草可以治病

有一種草名「狼毒」，而且只有一種名稱，並無別名。在此草「釋名」後有注曰：「觀其名，知其毒矣。」後面說到它「根」云：「氣味辛、平，有大毒。」其他莖、葉、花如何，未說。只看名稱和根的藥性，就知道它的確是不折不扣的大毒草了。不過它卻也可以治病，主治咳逆上氣、被積聚飲食、寒熱水氣……而且好多方子，都是和其他藥配合的口服劑。說它是「大毒草」，卻也能口服治病，所以這毒字也看如何理解，如何利用。

不過話又說回來，好多「大毒草」，旣無「看毒」、「聽毒」，而且與一般人關係也不大，因爲很少接觸，更不會莫名其妙地專門找來吃這些東西，因而也無從毒起。

在我記憶中，還沒有聽說誰因吃「羊躑躅」或「狼毒」而死亡，而且知道這種草的名稱，並且知道它是「大毒」的，這也是因讀了書才知道的。也就是人們常說的只有理性知識。至於感性知識，即從經驗中得來的知識，則一點也沒有。

罌粟美艷，本非毒草

憑經驗得到的有關毒草的感性知識，在城市中生活的人，原本是很少的。即在農村中生活，經常接觸草木的人，想來也不會很多。而在我的記憶中，我想罌粟，也就是人們常說的鴉片，則的確應該說是「大毒草」，因為受過它毒的人太多了。而這樣毒的草本植物，在《本草綱目》中，卻都是無毒的。而且它還有別名：「米囊子」、「象穀」、「御米」。晚唐雍陶〈西歸出斜谷〉寫他遠遊後歸至蜀中故鄉的心情說：「萬里客愁今日散，馬前初見米囊花。」可見它的美艷而醒人眼目。米囊一名，李時珍解釋說：「其實狀如罌子，其米如粟，乃像乎穀，而可以供御，故有諸名。」說到它的「米」也就是種子云：「甘、平，無毒。」說到它的「殼」云：「酸澀、微寒、無毒。」又說到它的嫩苗云：「氣味甘平，無毒。」尚未說到它的莖和根，其他則都是無毒的。

李時珍《本草綱目》卷十七草之六，專目列有「毒草類四十七種」，罌粟倒不在其中，而常用的半夏卻在毒草類。美麗的玉簪花、鳳仙花都列在毒草類中。還有著名的「曼陀羅花」也在毒草類中，這是一般人很難想像得到的。

美味的罌粟料理

罌粟

將罌粟種子加上細鹽炒熟，其味比芝麻還香，以新出籠的饅頭或新煮熟的洋山芋剝了細皮蘸著吃，鹹迷迷的極爲香美。如與炒核桃肉、炒杏仁加麻油和鹽拌作爲吃粥的菜，更是別有風味。

罌粟可做藥材與食材。

李時珍《本草綱目》把罌粟列在〈穀部第二十三卷〉：「罌粟秋種冬生，嫩苗作蔬食甚佳。葉如白苣，三四月抽薹結青苞，花開則苞脫。花凡四瓣，大如盞，罌在花中，鬚蕊裹之。花開三日即謝，而罌在莖頭，長一二寸，大如馬兜鈴，上有蓋，下有蒂。宛然如酒罌。中有白米極細，可煮粥和飯食。水研濾漿，同綠豆粉作腐食尤佳，亦可取油。其殼入藥甚多，而《本草》不載，乃知古人不用之也。江東人呼千葉者爲麗春花。或謂是罌粟別種，蓋亦不然。其花變態，本自不常。有白者、紅者、紫者、粉紅者、杏黃者、半紅者、半紫者、半白者，艷得可愛，故曰麗春，又曰賽牡丹，曰錦被花。」

割取罌粟津液入藥

而在後面「阿芙蓉」下又注云：阿片，俗作鴉片，名義未詳，或云：阿，方音稱我也。以其花色似芙蓉而得名。阿芙蓉前代罕聞，近方有用者，云是罌粟花之津液也。罌粟結青苞時，午後以大針刺其外面青皮，勿損裡面硬皮，或三五處，次早津出，以竹刀刮，收入瓷器，陰乾用之，故今市者猶有苞片在內。《王氏醫林集要》言是天方國種紅罌花，不令水淹頭，七八月花謝後，刺青皮取之者，案此花五月實枯，安得七八月後尚有青皮，或土方不同乎？

一粒金丹，通治百病？

李時珍的時代，尚未能預料到鴉片在幾百年後對中國人的毒害，當時中國人尚不懂吸食鴉片。《本草綱目》對鴉片的藥性也只說：「氣味酸、澀、溫，微毒。」李時珍又注解說：「主治瀉痢脫肛不止，能澀丈夫精氣。」又說：「俗人房中術多用之。京師售一粒金丹，云通治百病，皆方伎家之術耳。」所謂「一粒金丹」，是眞阿芙蓉一分，粳米飯搗作三丸，用量是很小的。這是當時用呑丸藥的方法服用鴉片的情況，後來把它熬成藥膏，又燒成煙泡，放在煙槍上吸之，這恐怕是清初才傳入中國的服用方法，已是李時珍時代許多年以後的事了。

鴉片戰爭到現在整整一百五十年了。鴉片的毒害在半世紀前，還相當普遍。在雲南、貴州、四川以及北方內蒙、山西一帶，還普遍種植鴉片，其栽種生長情況，基本上和《本草綱目》中說的差不多，但各地土質、氣候都不同，南到雲南，北到舊時綏遠、熱河一帶，在地域上相差數千里，在氣候上也相差懸殊，一個是亞熱氣候，一個則接近寒帶，兩地無霜期大不一樣。按照《本草綱目》記載，罌粟是兩年生草本植物，像宿麥一樣，是秋天下種，冬天生長，第二年夏天收穫。這在北方寒冷的地方就不可能種植。

收割煙汁如割橡膠

罌粟俗名「大煙」，都是春天下種，伏天開花，初秋割煙汁曬成鴉片煙土。有「六月裡，三伏天，洋煙開花鮮套鮮；紅桃鮮，白桃鮮，鮮花落了結成一個灰蛋蛋」的歌諺為證。罌粟花如鬱金香，有紅有白，大瓣十分艷麗。一花一蒂結一果，大如雞卵，綠色表面有白霜，因而是淡灰綠色的，長在頂端。罌粟花期很短，花謝不久，果即長成，便可割汁。

前文所引李時珍注中說：「罌粟結青苞時，午後以大針刺其表面青皮，勿損裡面硬皮，或三五處，次早汁出，以竹刀刮」等等，這些說明，有清楚處，如刺表面青皮，勿損裡面硬皮；有含糊處，即三五處，次早汁出等。是一次三五次呢？還是刺多少次呢？多少天呢？未說清楚。具體辦法如何呢？即當花落果長大有白霜時，即可取漿。五十年前所見，是用一長月牙形的很窄的薄刃小刀，用左手二指勾住莖部上端，右手持刀在果上像旋轉一樣輕割一刀，第一刀痕不能割透，即只割外皮，不傷內殼；第二刀痕旋轉要長，接近一圈。但不能連成一個圓。以上二點，如有一點割壞，這個果便枯萎而死了。因而這割煙也像割橡膠樹取汁一樣，是個技巧很高的工作。小姑娘做這事最好，第一手巧，第二人個子低，不用彎腰，煙莖正好到她胸部高，割起來方便，速度快。

輕輕劃一刀之後，從刀痕中立刻分泌出白色乳漿，後跟一人，立刻用手指將乳汁抿在一小罐中，罐是馬口鐵焊的，有環掛在左手中指上，抿下乳汁在罐上再一抿，罐口很薄，正好將手指漿汁全部刮入罐中。

割者一人，抿者一人，成爲一組，動作速度要快要熟練，每天要把田中每一株罌粟上所結的果都割一遍，抿一遍。每一株不令其多結，只留一果，肥料足，才能長大，多出汁。

殺人毒藥「生鴉片」

一天趁太陽高時割一遍，每株都要割到。如此割十至十五天，其果則日漸枯黃，再無汁分泌。大約開始割二三天，汁分泌尚少，由第四天至第十天，這一周內，是出汁最多期間，過此則逐日減少。汁白色，倒在竹席上日曬之，水份漸漸蒸發，則變爲咖啡色，最後成黑色黏狀物，即爲生鴉片。每市畝土地，可收穫生鴉片老秤四五十兩，約合三市斤。在當時種此毒品之利潤，較糧食高出約十倍。其害毒人的程度，則說不勝說了。

這種植物的毒，主要在於其果殼上分泌毒汁。不但吸食成癮，其毒極爲嚴重。如果吃一點生鴉片下去，會很快死亡。當年在種鴉片的地方，不少受壓迫的婦女，都是用吞吃鴉片的辦法自殺的。自鴉片戰爭以來，直到一九四九年前，全中國爲鴉片而家破人亡、直接間接死去的人不知有多少。如果說「大毒草」，這東西才眞正是大毒草呢。

罌粟種子製成美味

而其嫩苗及種子都不毒，而且很好吃，這卻是意想不到的。李時珍說它的嫩苗作蔬食，除熱潤燥，開胃厚腸，極美。至於如何作蔬，是炒了吃，拌了吃等等，未有說明，大概都可以吧。只是我沒有吃過，也未見別人吃過，不便亂說了。至於說到其種子，我是見過也吃過的，不妨略作介紹。

所謂罌粟，罌是指它的果，形狀如一酒罈狀；粟是指它的種子，圓形小粒，如小米狀。李時珍說：中有白米極細，可煮粥作飯，同綠豆粉作腐食尤佳。想來這種粥、這種綠豆罌粟豆腐，應像小米粥和杏仁豆腐一樣是很可口的美味，但我未吃過見過。我吃過的卻是另一種，把割完煙拔下來的枯秧上的「乾葫蘆」（俗名）摘下，反其殼，裡面即可倒出一小撮罌粟，俗名「大煙籽」，可能有白色的，但我所見都是咖啡色的，比小米粒還小，每殼中約半羹匙，量並不多，上鍋炒熟，炒時加些細鹽，其味比芝麻還香。以新出籠的饅頭或新煮熟的洋山芋剝了細皮蘸著吃，鹹迷迷的極爲香美。如與炒核桃肉、炒杏仁加麻油和鹽拌作爲吃粥的菜，更是別有風味。因爲這一種油料作物，和芝麻一樣，不用去皮。和粟米還不同，小米是粟米碾去皮，北方粟米統稱穀子。黃米是黍米碾去皮，還有糜子碾的糜子米，總之都是去了糠才能吃的。而罌粟則不用去皮，實在也無皮可去，便可吃，因而名之爲「粟」，也並不確切。在植物學中，罌粟屬罌粟科，爲雙子葉植物離瓣類之一科，產溫帶，草本，葉互生，花兩性……此科植物供藥用、食用、觀賞用。花草中的虞美人也屬於這一科。

不種鴉片者徵收「懶稅」

種罌粟和收割罌粟，是十分麻煩的。因爲它是毒品，所以一般都是禁止種植的。而舊時軍閥各霸一方，強迫老百姓種鴉片，以籌軍餉。貴州一個軍閥，百姓種鴉片，徵「煙稅」；不種則徵「懶稅」。中央派人來查禁煙，他強迫百姓把鴉片種在背簍中，揹了漫山遍野去轉移，誰也查不到。

曹寅有〈罌粟〉詩云：「百年身世手摶沙，撿點春風笑歲華。鋤盡芳蘭枯殺蕙，滿庭璀璨米囊花。」這裡完全是當作花來詠唱的，大概在康熙年間，吸食鴉片煙還沒有像嘉、道時那樣普遍的吧。

三尺童子皆吸煙

煙（上）

中國人吸煙，比起喝茶來，那恐怕要晚得多。《詩經》：「誰謂茶苦，其甘如薺。」茶，有人說苦菜，有人考證說便是茶，想來春秋時代就有了。而煙則到明萬曆年才傳入。

明崇禎時期，制定種煙葉者砍頭的法律。

說到毒草，含有大量尼古丁的煙草——也可寫作「菸草」，似乎也應列入毒草之列。在淳安千島湖遊覽，友人送我兩小盒新茶，名「千島玉蕊」，據說五萬片嫩葉才能炒一斤。一小盒一兩售價九元，即九十元一斤，大家很爲稱貴。隨後大家到餐廳用飯，經過小賣部，一人買了盒萬寶路香煙，價十元。並沒有人說貴，在飯桌上，隨手敬煙，一盒煙很快也就敬光了。而一兩茶葉，卻可泡不少杯，還剩了半盒。

我突然感到：一個並不貴，而人們感到貴；一個十分貴，人們卻無所感覺，能不令人感到憂心嗎？聯想到電視上的廣告：騎著高頭大馬，戴著捲邊大沿帽的美國牛仔昂揚而至，向你叫著：「這裡是萬寶路的世界。」實在有點恐懼感，眞感到其毒害不比鴉片小多少。因而感到煙草之毒，恐怕還不只是因爲它含有致人死命的尼古丁，在此之外，想來還有更嚴重的「毒害」。

三尺童子莫不吃煙

中國人吸煙，比起喝茶來，那恐怕要晚得多。茶是中國傳統的東西，《詩經》：「誰謂茶苦，其甘如薺。」茶，有人說苦荼，有人考證說便是茶，想來春秋時代就有了。而煙則到明萬曆年才傳入。明姚旅《露書》中有一則云：

呂宋國有草名淡巴菰，一名曰金絲，醺煙氣從管中入喉，能令人醉，亦避瘴氣，搗汁可毒頭虱，初漳州人自海外攜來，莆山亦種之，反多於呂宋，今處處有之，不獨閩矣。

但所說「處處有之」，卻未必然。明、清之際，奉賢曾羽王《乙酉筆記》記云：

余年三十六而遭鼎革，前此無吃煙者，止福建人用之。曾於青村王繼維把總衙內，見其吃煙，以為目所未睹。自李都督破城，官兵無不用煙，由是沿及士民，二十年來十分之八。青村南門黃君顯之子，於鹽鍋前吃煙，煙醉，跌入鍋內，即時腐爛。

可見江南一帶，終明代之末，尚無種煙吃煙者。乙酉是一六四五年，即清順治二年，南明弘光元年，是清兵南下侵佔江南的那年。清兵這年八月攻破松江、金山。作者所說「三十六而遭鼎革」，就是指此。清兵南來之後，因官兵無不用煙，奉賢一帶的人才紛紛吸煙，二十年來十分之八，說明「日記」是在二十年後追記乙酉以來舊事，其時已是康熙五年了。

看來煙草是先傳入福建的，而後來山海關以外的人吃得最凶。清初王逋《蚓菴瑣語》云：「煙葉出閩中，邊上人寒疾，非此不治。關外至以一馬易一斤。崇禎時下令禁之，民間私種肉徒。利重法輕，民冒種如故。尋下令犯者皆斬，然不久因軍中病寒不治，遂弛其禁，余兒時尚不識煙爲何物，崇禎末三尺童子莫不吃煙矣。」

現在人們都知道林則徐嚴禁鴉片的時候，偷種大煙要殺頭。而在崇禎時，還下過種葉子煙也殺頭的禁令，這就很少人知道了。

土產煙草「小葉子煙」

在植物學中，煙草屬於茄科植物，一年生草本。莖高四五尺，葉大，互生，卵形而尖，葉面和莖部都有細毛。夏日開花，合瓣花冠，漏斗狀，淡紅紫色。葉乾後，稱爲煙葉，爲製雪茄、紙煙及煙絲的原料。含有有毒成分尼古丁（Nicotine），即煙鹼。

這種介紹比較簡單。實際煙草的種類也很多，中國產、外國產，中國各地產的多種多樣。小時候我住在雁北山鄉，當地老鄉只種一種名叫「小葉子煙」的煙草，一般只二尺多高，有手掌大小綠油油的葉子，葉上經絡十分明顯，老鄉們把這種葉子在秋天採下來，一簇簇吊在簷前曬乾，攤平，一片片壓在一起。隨時拿幾片揉揉碎，裝在煙荷包內，用旱煙袋伸進去，裝一袋，然後用火鐮打燃蒲絨，按在煙袋頭上，巴噠巴噠吸起來，連火柴都是很大的浪費。至於煙捲，上海人叫「香煙」，鄉下人叫「洋旱煙」，那就不管什麼牌子，在那時都是極大的奢侈品了。

當時山鄉中管外面的旱煙叫「大葉煙」，當地老鄉的「小葉子煙」，吸時味道很難聞，一股青草味。後來到了北京，才知道「老關東」的這個名稱，大柵欄「豫豐號煙鋪」的招牌上寫著：「東臺片，西易州……」這是以產地來號召的。

名妓用黃金水煙筒敬客

中國產煙草的地方很多，著名的也不少。東北出的煙葉，很大很黃，油性大，過去北京最多，俗名「老關東」。另外四川金堂、河南許昌、安徽鳳陽、浙江桐鄉以及雲南、貴州，都是出有名煙葉的地方。在漫長的歷史時期中，人們吸食煙草的辦法，只有兩種。一是旱煙，一是水煙。旱煙是把煙草乾葉子去梗揉碎，裝在煙袋中用火點燃了吸。水煙是用特製的水煙筒，筒底裝些水，吸時點燃的煙通過水咕嚕咕嚕地吸入口中。通過水的過濾，可以減少一些尼古丁。水煙筒考究的用黃金製成在舊上海的青樓中，紅倌人（受歡迎的妓女）非備此敬客不可。

旱煙袋作工講究

北京過去旱煙加工有「京雜拌」、「蘭花籽」等名稱，都是把煙葉切成煙絲來賣。像西式吸煙斗的煙絲一樣。但是老吸煙的還將整把的葉子買來，自己剪碎或揉碎。這在北京現在農貿市場上還可以見賣煙葉的小販。老式旱煙袋講究起來是無窮無盡的。分三部分，裝煙的是銅質的煙袋鍋，一般用黃銅，考究的用白銅，甚至用銀。中間部分是煙袋杆，用竹管、一般竹子，湘妃、鳳眼等名貴竹子，還有烏木、象牙等等。吸的部分叫「煙嘴」，一般用燒料的，好的琥珀、瑪瑙、玉、翡翠、水晶等。總之普通煙袋和高級煙袋相差懸殊，眞所謂不可以道里計也。這比外國什麼名牌煙斗，那高貴不知要多少倍。煙斗再好不過用非洲樹根加工雕刻，而煙袋如一個小小玻璃翠煙嘴，當時要用白銀購買，其價值也可以與金水煙筒媲美。

咕嚕咕嚕吸水煙

煙（下）

乾隆時，大官吸煙，最爲著稱的就是「紀大煙袋」，編《四庫全書》的紀曉嵐，他裝一袋煙能夠從城裡一直吸到圓明園。

吸煙的習慣是從西方傳入中國的惡習。

吸水煙很麻煩，水煙筒是特製的。可以用黃銅，但舊時一般都很講究，全用白銅打製，更有景泰藍的、銀的，甚至有黃金的。水煙筒的樣子很怪，很難用形象的東西比喻，用公鷄作比，那公鷄頭是吸煙的嘴，翹起的尾巴是裝煙的活動哨子，因要插入水中，所以可以抽出插進。那鷄身體就是手托的煙筒身子，但是鷄的兩隻腳無法安排，只好斬下來插在兩邊小洞內作煙夾子了。不過這樣解說，沒有見過的人仍無法領會，弄不明白。過去這樣寒傖的玩藝，是沒有人買的。水煙筒的歷史，其製作工藝的來源，我都說不清楚，想來也是一個很有趣的問題，可是能告訴我的人大概不多了。

半個世紀前，我家中大人是吸水煙的。吸一種福建丹鳳皮絲水煙，一大扁盒內十小包。吸時拿出一小包，用發潮的毛巾包上，放在磚地上一兩天，然後打開，那金黃色非常細的煙草一抖，便成茸了，放在煙缸中，隨時取用，水煙筒本身也有個放煙茸的小筒。吸時可隨裝隨吸。吸水煙要不停地點火，所以要用火紙捲成很細的紙煤子，一吹就冒出火焰，可以點煙，咕嚕咕嚕地吸，很快吸完吹熄紙煤，火焰雖熄，但餘燼紅紅尚在，去掉煙蒂，再裝新煙，再吹燃紙煤來吸，周而復始，十分厤煩，但十分好玩。幼時最愛看大人吸水煙，也學會了搓紙煤子。抗日戰爭時期，北京再買不到福建皮絲煙，家中大人也就不再吸這種煙了。

鼻煙從義大利傳入中國

鼻煙也是煙草葉子作的。據說最早義大利人發現一包多年黴變的煙葉，用手一觸，便成粉末了，但一嗅，特別好聞，精神爲之一爽，這樣世界上便有了鼻煙。據趙之謙《勇盧閒詰》記載：「鼻煙來自大西洋意大利亞國，明萬曆九年，利瑪竇泛海入廣東，旋至京師獻方物，始通中國……至國朝雍正三年，其國敎化王伯納第多貢獻方物，始有各色玻璃鼻煙壺……」

據此可知鼻煙傳入中國的歷史，到乾隆時，那旱煙、鼻煙已極普遍了。而《紅樓夢》中，只寫到晴雯生病聞鼻煙，卻沒有寫到吸旱煙的，也不知是什麼原因，是有意呢？還是無意呢？因爲乾隆時，大官吸旱煙，是十分普通的事，不少人還以此出名，最爲著稱的就是

「紀大煙袋」，編《四庫全書》的紀曉嵐，他裝一袋煙能夠從城裡一直吸到圓明園，有好多有趣的故事。

用煙草製成煙捲，現在叫紙煙，傳入中國，是很晚的事，一直到光緒二十八年（西元一九〇二年），英美煙草公司才在上海設廠製造紙煙，最早推銷宣傳時，用人力車推著煙，吹號打鼓，沿街扔給人家白吸，這樣很快就推銷開了。在三十年代，英美煙草公司年利潤達到四百萬兩關銀。（當時海關進出口貿易仍以白銀折算，叫關銀。）

吸空氣？吸炸藥？

紙煙世界上四大類，英式、美式、土耳其式、俄國式。二十世紀三四十年代，英式紙煙淡，美式紙煙加油料，較凶。人們說吸英國煙如吸空氣，吸美國煙如吸炸藥。其實不論什麼煙，都是污染空氣，散布尼古丁的，吸的人當然更受其毒害。

現在煙草生產和煙草工業都能使國家獲得鉅額稅收。但予人的害處是非常大的，因此全世界都在提倡戒煙，不少國家都制定了許多法令限制吸煙。比如在新加坡就規定在任何公共場所都不能吸煙。而且罰金很重，據說是要罰四百到二千新元。四百元約合到二百美金了。這在我們愛吸煙的朋友看來，是不可思議的。現在有世界性的「無煙日」宣傳，看來世界上戒煙的進程是正在逐步推進中。或者有一天，人類都覺悟到吸煙沒有什麼意思，而且很髒，很麻煩，容易生痰。它既不能代替吃飯，又不像鴉片那樣的毒品，吸了眞有癮，突然不吸，便像生病一樣難受。

我自己前後吸了一二十年的煙，後來因一次受涼，得了肺氣腫，便不再吸煙了。頭一二天因爲習慣的關係，似乎還想吸，而思想上認爲不能再吸，三天過後便不再想吸了。而且也不貪便宜吸別人的好煙，迄今又已十多年，不但不再想吸煙，而且已產生了抗煙性，旁邊如有人吸煙，我已感到難聞了。

至於說吸外國好煙爲了擺闊，這在無知少年，也還是可以理解的，有了一大把鬍子的，則大可不必了。還有用外國香煙作爲交際手段，在杭州出差，聽到一首順口溜，據說出自一位外貿工作女士之口，詞云：

長「健」短「萬」，坐下談談；「三五」一般，「良友」癟三，「紅牡丹」放在一邊，「假洋鬼子」看也不看。（加引號者，皆紙煙牌子。而「假洋鬼子」則仿外煙包裝之雜牌煙。）

社會上對於吸煙已形成順口溜，可見已成病態。在肉體其毒或不同於鴉片，在思想上則遠遠超過鴉片之毒了，但願這種病態早日痊癒。

竹子面面觀

竹

竹子的每個部位，都有細緻的專名。《花鏡》中說：「竹根曰『菊』，旁引曰『鞭』，鞭上挺生者名『筍』，竿之節名『碩』，初發梢葉名『篁』，梢葉開盡名『薙』，竿上之膚名『筠』。」

江南地方，「人家皆種竹，無水不生蓮。」

我第一次見到生長在地上的眞的竹子，是住在北京皇城根蘇園中，在後園花庭後的北牆根下，有一叢翠竹，背風向陽，長得十分蔥茂。後來在各個公園，又見到不少小竹叢。等到大了，可以和同學們各處去玩時，出城到潭柘寺，才看見了北京眞正名貴竹種金鑲玉竹，綠竹竿上，由上到下，每節的凹處，都是一根黃線，直通到頂，而且上下兩片竹林，面積很不小，這同小竹叢不一樣，小竹叢是一大堆，而這種竹子，都長得有一丈多高，枝頭竹葉搖曳，根株一一可見，在長滿青苔的竹林中，出土的筍尖亦隨處可見。北京眞不愧是幾百年的帝都，福地寶城，在這樣大山中，地下有溫泉水脈，土質肥厚，所以能長出這樣名貴的竹林來，沒有親眼見過的人，是不可思議的。

北京有非常漂亮的翠竹庭院，那就是有京華大觀園之稱的恭王府「天香庭院」，金碧輝煌的垂花門兩旁，是一片蔥翠欲滴的竹叢，眞有點瀟湘館的意境。可惜的是，新蓋的大觀園瀟湘館，種的竹子十分稀疏，長得又可憐，像癩頭的頭髮一樣，三根五根，實在難看，拍電視《紅樓夢》時，沒有辦法，只好弄假的，全是塑膠竹葉，假的林姑娘，也只能配假的竹葉而已。

江南人家皆種竹

杜荀鶴〈送友人去吳越〉詩云：「去越從吳過，吳疆與越連。人家皆種竹，無水不生蓮……」我由北京流浪到江南，到了「人家皆種竹」的地方，那對竹子就眼界大開了。因岳家在杭州，常到杭州去，雲棲竹徑，那高大的毛竹，碧綠帶粉的杆子，直上雲端，穿行在竹徑中，看那冒出來的利劍般的筍，常來的人，記好尺寸，隔一天就是一大節，其生長之速，眞是天地奇觀。我眞正懂了「雨後春筍」這四個字的含義。也懂了「不可一日無此君」的可愛處，的確是六朝人的眞情，而非荒誕。

我看過兩竹子奇觀——也可以說是我這井底之蛙，自認爲的「奇觀」吧。一是在黃山太平縣太平湖，那一百多里水面，波平處眞是一大片碧綠色的鏡子，一絲波紋也沒有，深度平均四十米，特別深邃，邊上高大的毛竹山，倒映水中，構成棱形或正方形柱式倒影，像現代外國大都市的樓群一樣，不過是倒立的，又像綠色玻璃砌成，眞是蔚爲奇觀。

二是在四川郫縣、灌縣、崇慶等處所見。四川竹子極多，在郫縣、灌縣一帶，農村人家都是高大的竹林圍著，灌縣郊區一戶人家，門前一丈多寬的急湍奔流而過，門外一小橋通來往之路，都掩映在高大的竹林中，眞是神仙境界。江南這樣小景是沒有的，因爲沒有那樣湍急奔騰的流水。而四川的竹叢可以長在比它小的土堆上，根四處都裸露著，而照樣不倒，且十分蔥鬱，也是一種奇觀。

竹的種類繁多

《花鏡》中說：「竹乃植物也，隨在有之。但質與草木異，其形色大小不同。竹根曰『菊』，旁引曰『鞭』，鞭上挺生者名『筍』，筍外包者名『籜』，過母則籜解名『竿』，竿之節名『箹』，初發梢葉名『篁』，梢葉開盡名『薙』，竿上之膚名『筠』。」

小小的一個竹子，有這麼細緻的專名，這不正說明了草木文化的精深嗎？但是草是木，《花鏡》中也說：「天壤間，似木非木，似草非草者，竹與蘭是也。」看來，關於竹是草是木的問題，不但我弄不淸，我們的祖宗也不大瞭解。按照現代植物學分類，竹子係棕櫚科常綠灌木，分類有二十二屬，有一百八十多個品種。

古人有關於竹的專著，比較著名的有晉戴凱之的《竹譜》，宋僧人贊寧的《筍譜》。《竹譜》列六十一種，《筍譜》列八十五種。《竹譜》開首道：「竹不剛不柔，非草非木，若謂竹是草，不應稱竹；今既稱竹，則非草可知矣……植木之中有草、木、竹，猶動品中之有魚、鳥、獸也。」他把竹子於草、木之外，單列一大類，也是一種見解。

竹中奇品細如針

竹子的品種多，奇怪的品種也常見記載。奇怪而尚常見的如浙江的方竹，生來四方形，十分結實，人多用作手杖。如湖南竹上有斑點，說是舜之二妃娥皇、女英淚滴成的湘妃竹。斑點大的叫斑竹、鳳眼竹，這些一般都能見到。至於更奇特的：如產在羅浮山的龍公竹，其徑大七尺，每節高有丈二，葉若芭蕉。另產自臨賀的臨賀竹，竹竿可粗到十圍。產自熊耳山的丹青竹，竹葉黃、青、丹三色相間而生。產自君山的龍孫竹，高不盈尺，細僅如針。凡此種種，都是竹中奇品，一般人是不大容易見到的了。

把竹床當竹筍煮

中國最古的書——竹簡，都是寫在竹籤上的。因而中華民族文化，從古就是和竹子分不開的。從古至今，關於竹子的故事，傳說不知有多少，關於竹子的詩文不知有多少，關於竹子的圖畫、附帶畫竹及專門畫竹的不知有多少，竹子製成的生活用具和工藝品不知有多少。因而說，如從中國傳統文化看，竹子和文化的關係眞是太重要了。「竹子與中國文化」，可以寫成一本洋洋巨著的書，在此就無法多談了。

末了引一個《笑林》中有關竹的笑話：

漢人有適吳，吳人設筍，問是何物，語曰：「竹也。」歸煮其床簀而不熟，乃謂妻曰：「吳人轣轆，欺我如此。」

不生長竹子的苦寒之區，沒有辦法，只好煮竹床當筍了。這個笑話還有些疑問，因用竹床的地方，一般還是長竹子的地方，那些不生竹子的地方，大都還是睡土炕的，要煮頂多也只能煮竹筷子了。

孝順種竹，忤逆剪桑

桑樹

桑樹要不斷剪去嫩條，多留桑拳，以便多發枝條，多長桑葉。一年要修剪四次，江南諺語有「孝順種竹，忤逆剪桑」的說法，就是說手下不要留情，剪得越多越好。

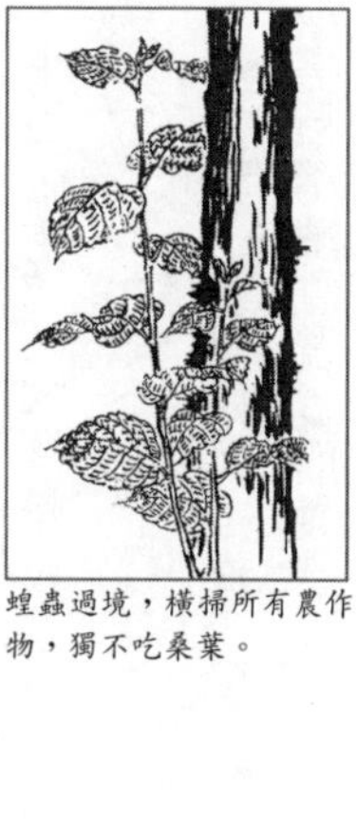

蝗蟲過境，橫掃所有農作物，獨不吃桑葉。

《詩經·衛風》中有句云：「桑之未落，其葉沃若，于嗟鳩兮，無食桑葚。」這是《詩經·氓》中的比喻，但其本身，也是很好的小詩。「其葉沃若」，已把桑葉肥大油綠的樣子形容得很好了。衛是河南、河北交界處，即現在河北大名，河南衛輝兩地區域，當時這些地方大概是普遍種桑樹的，所以寫入詩中，形象就十分眞切。

桑樹的種類很多，據《中國樹木分類學》所列，有大葉桑、花葉桑、白脈桑、塔桑、垂枝桑、獸桑等。桑樹本身在「植物學」中成一科，原產地即亞洲東部。有書記載說：揚州產的叫「黃桑」、湖南產的叫「荆桑」，通州產的叫「家桑」。實際一般都叫桑樹，在中國南北各省一般都有桑樹。

桑樹可以長成十分高大的樹，小時候家中後院有一株，長得有兩三丈高，杈丫可以遮住屋頂，夏天濃綠的葉子，也可以遮陽，但當桑葚成熟時，也無法去採擇，只能任其自生自落，落得院子裡滿地都是，地上沾滿紫色汁水，染在磚上，很久不會消失。我天性不大吃各種水果，看見這些落在地上飽熟的沾滿汁水的紫桑葚，十分疑心，迄今留下深刻的印象。

五畝之宅，樹之以桑

北方人大概在周、秦以前，便已種桑養蠶，後來越到近古，因戰爭及水土流失，不再種桑養蠶了。因此各處即使有兩棵桑樹，也都是孤零零的大樹，再不是桑林、桑園。《孟子》上說：「五畝之宅，樹之以桑，五十者可以衣帛矣。」這「樹之以桑」，並非是說在宅前宅後種上三五棵桑樹，就可養蠶、繅絲、織帛，而是種五畝桑林、這面積是相當大的了。

「桑」字字形，從中國六書原理來看：上面三個「又」子，是表示衆多，大概是會意字，因而種桑總是成林的，高大的孤立的桑樹，自然也是樹，但對「衣帛」卻不能發揮作用。記得小時候養蠶寶寶，要擇桑葉，面對院中高大的桑樹，就無法採葉子，只好爬上樹去採，又很害怕，也夠不著多少。面對茂密的桑葉，卻常常爲不能採擇桑葉餵蠶寶寶而發愁，說來也是很可笑的。

江南的「發財樹」

北方很少桑林，而我在北京卻見到桑林。我讀書的中學，校址在西城小口袋胡同，原是「京華蠶業講習所」的一部分。正門在口袋胡同中間，高大的雕磚半西式大門，裡面有一排二層樓。樓的右側有大片桑園，這排樓房後面，連著一個西式大四合院。全是我就讀的那個中學的教室，這二層樓的樓上也是教室，樓下卻是木機織綢的機房。那個中學的校門是在桑園後面，由桑園的南牆下繞進去。而且中間有一個大柵欄門，平日鎖著，但可以望見桑園內一切，那一排一個人高的桑樹，上面都人工剪成三五拳頭樣的杈，俗名「桑拳」。

春天由拳上發出嫩條，長滿嫩綠的葉子，便可分批採來餵蠶了。我上了六年中學，年年窺探桑園的變化，春夏之間綠了，入冬之後光禿禿了，春天又綠了……這樣我認識了桑樹。這個「京華蠶業講習所」大概是清末民初講求農政時辦的。可能是南通張季直作農工商部總長時的德政吧。後來大概沒有什麼發展，所以把它的所址分一半給我讀書的那個中學作校址。但我當時沒有詳細詢問過，現在事隔多年，更無處瞭解了。關於桑樹的感性知識，便是在這裡獲得的。

後來到了江南，經常往來於滬杭路上，嘉、湖一帶，路上全是桑園，這正是農桑之利集中的地方，自明、清以來，財富所聚，全在這一片片桑園中小小的桑樹上，因而對於種桑也是十分講究的了。其工序按時令是非常細緻的。大體是：正月，立春、雨水，天晴時種桑秧、修桑，陰雨時，撒蠶沙，編蠶簾、蠶簀；本月還要準備桑剪。二月，驚蟄、春分，天晴，澆桑秧，陰雨，修桑，捆桑繩，接桑樹。三月，淸明、穀雨，天晴澆桑秧，陰雨，把桑繩，修蠶具、絲車。四月，立夏、小滿，天晴，謝桑，壓桑秧，栽桑、澆桑秧，剪桑，雨後還要看地溝桑秧，還要買糞謝桑……一直到七月，還要修桑、把桑，忙個不停。

孝順種竹，忤逆剪桑

江南老農，舊時對桑眞可以說是精心培養。明末湖州漣川沈氏，編過一本《沈氏農書》，對種桑十分講求：他說最好的品種是湖葉桑、黃頭桑、木竹青；其次是五頭桑、大葉密眼桑。

最次是細葉密眼桑。另外有一種火桑，較其他桑樹早五六日發葉，便於養早蠶。種桑根不必多，要刷盡毛。泥要築實，淸水、糞要不斷澆，可以盡快長出新根。大雨之後，要逐株踏看，有泥水蔓眼，要趕緊挑開，否則樹就死了。桑樹要不斷剪去嫩條，多留桑拳，以便多發枝條，多長桑葉。一年要修剪四次，江南諺語有「孝順種竹，忤逆剪桑」的說法，就是說手下不要留情，剪得越多越好。

種桑主要是爲了採葉養蠶。因此一般不注意其果實桑葚。桑葚有紫色、白色二種，糖分很多，歡喜吃的人，說是很好吃，據《群芳譜》說：「荊桑多葚，葉薄而尖，邊有瓣。凡枝幹枝葉堅韌者，皆荊類也。魯桑少葚，葉圓厚而多津，凡枝幹枝條葉豐腴者，皆魯類也。」市上賣水果，很少見有賣桑葚的，大概產量是很少的。

另外據說蝗蟲飛過的地方，一切植物葉子都被吃光，而獨不吃桑葉。爲什麼這樣呢？這有待植物、昆蟲學專家回答了。

高貴的梧桐

梧桐

「鳳凰之性，非梧桐不棲。」世界上如果眞有五彩斑爛的鳳凰，當然是要棲息在這碧綠漂亮的梧桐樹上的。

李清照說，梧桐更兼細雨，怎一個愁字了得！

讀

近代詞人朱古微〈彊村詞・金縷曲〉，題下有小注云：「井上新桐植七年矣。周無覺撫之而歎曰：『此手種前朝樹也。』斯語極可念，拈以發端。」其詞云：

手種前朝樹，帶虛廊、斜陽一角，閱人無語。乞向西鄰斤斧底，曾共籜龍赦取，看玉立，亭苕如許。今日離披銀床畔，問孤根、肯傍龍門否？一葉葉，戰風雨。

蟪蛄三兩啼相訴，說年來，紅淒翠慘，好秋誰主。劃地霜蕪連天白，棲鳳長迷處所，算乾淨，猶餘吾土。眠坐清陰渾閒事，要歲寒，根幹牢培護。盟此意，酹清醑。

朱古微名祖謀，是近代大詞家，光緒九年進士，累官至禮部右侍郎。直到民國二十年才去世，活了七十五歲。晚年在上海居住。龍榆生《近三百年名家詞選》爲他寫小傳道：「晚處海濱，身世所遭，與屈子澤畔行吟爲類。故其詞獨幽憂怨誹，沉抑綿邈，莫可端倪。」小傳所寫，從以上一首梧桐詞中也可以體會出來。這就是辛亥以後一些眷戀清代的遺老感情。

北京的梧桐不夠看

這裡我不談詞，只想講講樹，即梧桐的情調，這完全是江南的情調，在寒冷的北方是不大能體會到的。記得小時聽同學讀柳宗元的〈桐葉封弟辯〉，根本不懂什麼桐葉是梧桐葉，還以爲是黃銅葉呢，想著這黃燦燦的倒很好玩。後來到了北京，舊時所謂「天子腳下」，作了幾百年首善之區的古城，自然「雨中春樹萬人家」，到處都能看到參天老樹，但梧桐是很少的。記得故宮博物院後面御花園中有梧桐樹，很小。中南海有「補桐書屋」，也沒有大梧桐樹。讀《紅樓夢》劉姥姥逛大觀園，賈母看著秋爽齋後窗外的梧桐，也有碗口粗了。那都是新種的小樹。不管眼見的和小說中描繪的，都體現不出梧桐的情韻。李易安〈聲聲慢〉詞：「梧桐更兼細雨，到黃昏，點點滴滴，這次第，怎一個愁字了得！」多好的詞句！可是在北京所見的丈把高的梧桐樹，又如何能構成這樣的意境呢？

鳳凰只棲梧桐樹？

三十七年前，我帶著這樣的疑問，漂泊到江南。在蘇州金門外，住在一座闊佬別墅改的宿舍內，這是一座很考究的假三層洋房，我住二樓一間，落地窗外是陽臺，院中四五株高大的梧桐，足有四五丈高，碧綠的葉子，碧綠的挺立的樹幹，我到此才飽覽梧桐之美。《詩經・卷阿》云：「鳳皇（凰）鳴矣，于彼高岡。梧桐生矣，于彼朝陽。」鄭箋云：「鳳凰之性，非梧桐不棲。」我眞感到，世界上如果眞有五彩斑爛的鳳凰，當然是要棲息在這碧綠漂亮的梧桐樹上的。可是我那時窗外的梧桐上，從來沒有落過鳳凰。未免有寂寞之感。我常常躺在床上，窗戶大開著，觀賞這綠蔭蔭的梧桐，那透過綠葉的日影，更是迷離照人。有一次，一隻黃鸝藏在枝上，綠葉中一點嬌黃，又嘹亮地叫著，眞是太美麗了。可惜我起身來，想到陽臺上看時，牠卻一下子飛走了。

我初到江南，很不習慣多雨的天氣，但聽著那雨打在桐葉上的聲音，也十分宜人，似乎特別容易觸動人的情緒，李易安山東人，大概是在她的丈夫趙明誠去世後，聽到這種梧桐夜雨的聲音，自然極爲敏感，寫出這樣感人的詞句了。

梧桐是桐的一種，按《本草綱目》：桐的釋名有白桐、黃桐、泡桐、椅桐、榮桐。又引陶弘景語曰：「桐樹有四種，青銅、葉皮青，似桐而無子；梧桐、皮白，葉似青桐而有子，子肥可食。白桐，一名椅桐，人家多植之，與岡桐無異，但有花、子，二月開花，黃紫色，《禮》云『季春三月』、『桐始華』者也……」陶弘景把梧桐包括在桐樹中，而《本草綱目》則又單列「梧桐」一條。李時珍在《本草綱目・釋名》中又說是「櫬」，並云：「梧桐名義未詳，《爾雅》謂之櫬，因其可爲棺，《左傳》所謂『桐棺三寸』是矣。」李時珍詳細介紹梧桐說：「梧桐處處有之，葉似桐而皮青不皺。其木無節直生，理細而性緊……羅願《爾雅翼》云：梧桐多蔭，青皮白骨，似青桐而多子。其木易生，鳥銜子墮地即生，但晚春生葉，早秋即凋……《齊民要術》云：梧桐生山石間者，爲樂器更鳴響也。」

多蔭多子，宜作琴瑟

在古文獻中，關於梧桐的記載是很多的。大體最著稱的一是棲鳳凰，現在一切流傳的工藝圖案「丹鳳朝陽」，不管織在錦緞被面上，或是刻在各種木石雕件上，除鳳凰、朝日之外，總要有一株梧桐作背景。二是對季節敏感，據陳淏子《花鏡》記載：「此木能知歲時，清明後桐始華，桐不華，歲必大寒。立秋是何時，至期一葉先墜，故有『梧桐一葉落，天下盡知秋』之句。」而且據說，每枝生十二枚葉子，一邊六葉，從下數一葉爲一月，有閏則十三葉，視葉小處，即知閏何月也。也是很奇妙的。三是梧桐木可製古琴。陸璣《毛詩草木蟲魚注疏》中說：「桐有青桐、赤桐、白桐，宜琴瑟。」四是亭亭直幹。葉大蔭濃，一派綠意，宜朝陽，宜夜雨，是很好的庭院觀賞樹木，消暑知秋。

以上四點，我最欣賞的是第四點。李漁《閒情偶寄》卷五也寫梧桐道：

梧桐一樹，是草木中一部編年史也……有節可紀，生一年紀一年……余垂髫種此，即於樹上刻詩以紀年，每歲一節，即刻一詩，惜為兵燹所壞，不克有終。猶記十五歲刻桐詩云：「小時種梧桐，桐葉小於艾。簪頭刻小詩，字瘦皮不壞。剎那三五年，桐大字亦大。桐大已如許，人大復何怪。還將感歎詞，刻向前詩外。新字日相催，舊字不相待。顧此新舊痕，而為悠忽戒。」此余嬰年著作，因說梧桐，偶爾記及。不則竟忘之矣。即此一事，便受梧桐之益。然則編年之説，豈欺人語乎？

李漁對梧桐則是從另一角度觀賞，而且是從小種的，他是浙江蘭溪人，是江南人種江南樹了。

花鳥蟲魚誌 19

象徵秋意的銀杏

銀杏（上）

「先有潭柘寺，後有北京城。」潭柘寺由晉代建寺，迄今已一千六七百年，那株銀杏也長了一千六七百歲了。如今不但老幹喬枝，生長極爲蔥鬱，而且在十幾圍的老根旁，仍會長出手指粗的嫩條來。

天目山古銀杏「大樹王」，據說是南朝遺物。

有幸到天目山遊覽了一天，順著登山路徑，一邊走，一邊抬擡頭仰視，遙望頂峰，雲氣繚繞，時隱時現，蒼茫綠海，萬章古木，雖未登山，也頗得領略天目之氣勢了。

看山比爬山有趣

坐在山澗中一塊大石上，聽著流泉，看著大樹，望著雲氣，對著冉冉春光，似乎聽到大自然的腳步聲一樣，眞是「逝者如斯夫，不捨晝夜」，造化太偉大，而人則似乎太渺小了。

忽然想起前兩年在黃山腳下坐著看山時閒吟的詩句：「更無登泰願，猶有看雲心。」

從小生長在山中，生性疏懶，最怕爬山，也不喜歡孔夫子那句「登東皐而小魯，登泰山而小天下」的名言。爲什麼要「小」人家呢？似乎充分顯現了一種向上爬的野心、作領袖的慾望、統治別人的企圖。因而同樣也不喜歡杜甫的「會當臨絕頂，一覽衆山小」的詩句，總覺得詩雖然好，而口氣過大，不免有點滑稽感，似乎應了一句俗話「癩蛤蟆想吃天鵝肉」，一個窮詩人居然想入匪夷，想爬到最高點去，甚至想「致君堯舜上，再使風俗淳」，這種詩讓李林甫之類的人看了，不免要笑他不知天高地厚了。這恐怕是天眞忠厚的詩人受儒家思想的毒素太深的緣故。而在我這種懶漢思想的人看來，看山總比爬山更有趣，「悠然見南山」的意境，我想也在於此吧。

無緣朝見「大樹王」

天目山自然保護區，山上一草一木都不能隨意砍伐，因而滿山都是古樹，見「喬木而思故國」，樹木要有漫長的歲月才能長大。喬木古樹都十分可愛，婆娑生意，隨便一棵大樹，都比人的年齡長。山中的朋友說，有一棵古銀杏，淸代皇帝南巡時，封爲「大樹王」，據說是南朝時遺物，現在一千多年了，長得還很好，不過在半山中，離山麓還有十來里山路，要跑快點，半天時間還可以去看；若慢慢的登山，就來不及了。因此這個「大樹王」我便無緣朝見了。但是山麓邊也有幾株古銀杏，鬱鬱蒼蒼，也都有幾百年的樹齡，雖非「王」，或者也可以封侯、封伯了。

銀杏樹是很美麗的樹種，而且是多年生喬木，壽命特長，不少地方都有古老的銀杏樹，隨便哪一棵，一說都是曾、高祖以上的年齡，甚至比爺爺的爺爺年紀還大了。

葉色金黃，象徵秋意

我很愛觀賞古老的銀杏樹，但我認識銀杏樹卻很晚，一直到高中畢業後，在北京一次偶然的機會，才認識了銀杏樹，由於它的美麗，才留下深刻的印象，懂得了觀賞銀杏。那還是古城淪陷的年代裡，有一年深秋，我到中南海萬善殿去看個同學，當時中南海可以隨便進去，東北隅萬善殿部分是一所偽立的新聞學院，有同學在此讀書，我去找他聊天，騎車一進中南海東門往北一轉彎，順引路進一個大門，便是萬善殿，不料我車子剛一進門，便被一片秋景所迷惑了，地上一片金黃，全是鴨掌般的落葉，夾雜著熟透了的白果，鋪滿了像一條絨毯一樣，我擡頭一看，好大的一株老樹，直撐在碧藍的秋雲中，四周斑駁的破舊紅牆，褪了色的獸頭殿角，仍在這株高大老樹杈丫枝葉的蔭覆下，我突然置身於這樣一種肅穆蒼涼的氣氛中，立刻下了車，暫不去找同學，先在此觀賞感受一番吧。

我低頭彎腰，先從地下拾起幾片落葉，選擇了兩片顏色漂亮的，托在掌中仔細欣賞，那斜斜的葉柄，細密的葉筋，有平絨感的蠟黃的葉面，使人看上去那樣舒服。每年春天萌生，夏天碧綠，秋深黃落，月復月，年復年，悠悠的歲月，古老的大樹，不知生長過又飄落過多少萬片黃葉……後來我把這兩片銀杏落葉夾在一本書中，過了多少年我還偶然翻書時見到它。

據英國十九世紀著名博物家湯姆孫講落葉的著述說：每片樹葉在將落之前，必先將所有糖分、葉綠素等貴重成分退還給樹身，落在地上又經蚯蚓運入土中，化成植物性土壤，以供後代之用。我望著高撐在秋空中的老樹，又看看手掌中的落葉，把這兩者聯繫在一起，細想想又多麼引人深思呢？萬物生機其細微博大處，是那樣的巧妙，太令人難以理解了。龔定庵詩「落紅不是無情物」，指的是落花，而落葉又何嘗不是如此呢？人非草木，孰能無情。人似乎是有感情的動物，然而其感情卻常常比一張紙還薄；草木是無情的，然而卻那樣奉獻，年年月月，千古不渝。這道理又如何理解呢？

先有潭柘寺，後有北京城

我找過同學出來，又在這棵古老的銀杏樹下，踏著落葉，徘徊了很久。便和它分別了。以後再沒有機會到萬善殿去。前幾年，偶然回北京，經過金鰲玉蝀橋時，還遠遠的可以望見它，有一次遠處望去，樹葉好像稀疏了，似乎更蒼老了不少，近況如何，就不得而知了。我所見到的最大的銀杏樹，是北京潭柘寺的「帝王樹」。我在寫《燕京鄉土記》時，曾寫過一篇〈銀杏奇觀〉，特別介紹了這株奇樹。

按北京諺語說：「先有潭柘寺，後有北京城。」即潭柘寺建寺尚在北京建城之先。潭柘寺正名岫雲寺，晉代名嘉福寺，唐代名龍泉寺，金皇統間爲大萬壽寺，明正統間又恢復舊名嘉福寺，清康熙時重修，賜命岫雲寺。因山中有一股溫泉名「龍潭」，又生長柘樹，所以俗名一直叫「潭柘寺」。由晉代建寺，迄今已一千六七百年，那株銀杏也長了一千六七百歲了。如今不但老幹喬枝，生長極爲蔥鬱，而且在十幾圍的老根旁，仍會長出手指粗的嫩條來，一樣長滿碧綠的葉子，眞可以說是龍孫百代，生意無窮，近乎奇蹟了。

白果樹故事

銀杏（下）

銀杏是冰河期以前的植物，在古生物學中所說的史前期「三疊紀」、「侏羅紀」時期，生長最爲茂盛，因而現在有「活化石」之稱。

光緒皇帝保不住生父墳上的銀杏樹。

銀杏俗稱白果樹，正名「公孫樹」。但是李時珍《本草綱目》中沒有「公孫樹」之名，卻另有別名。其「銀杏」條下記云：

白果、鴨腳子。時珍曰：原生江南，葉似鴨掌，因名鴨腳。宋初始入貢，改呼銀杏。因其形似小杏而核色白也。今名白果。梅堯臣詩「鴨腳類綠李，其名因葉高」，歐陽修詩「絳囊初入貢，銀杏貴中州」是矣。……以宣城者為勝，樹高二三丈，葉薄縱理，儼如鴨掌形，有刻缺，面綠背淡。二月開花成簇，青白色，二更開花，隨即謝落，人罕見之。一枝結子百十，狀如楝子，經霜乃熟爛，去肉取核為果。其核兩頭尖，三稜為雄，二稜為雌。其仁嫩時綠色，久則黃。須雄雌同種，其樹相望乃結實，或雌樹臨水亦可。或鑿一空，納雄木一塊泥之亦結，陰陽相感之妙如此。其樹耐久，肌理白膩，術家取刻符印，云能召使也。

李時珍觀察十分細緻，寫得很有趣。如夜間開花，隨即謝落；雄、雌相望乃結實等，都很有意思。潭柘寺大殿前，就是左右兩株相望，但樹高都在六七丈以上，非如李時珍所說之只二三丈。

帝王不再，古樹尚存

潭柘寺的古銀杏，清乾隆時因爲認爲這千年古樹旁邊不斷地長出蔥茂的小樹，是祥瑞的徵兆，象徵愛新覺羅皇族的子孫繁衍，無窮無盡。因封此樹爲「帝王樹」，正好同封天目山的古銀杏爲「大樹王」配成一對。「帝王樹」也好，「大樹王」也好，封它們的愛新覺羅的列祖列宗們早已煙消雲散了，其龍子龍孫們也已自食其力成爲平頭老百姓了。而千年古木卻仍鬱鬱蔥蔥，充滿生意，生長在天地間，使人感到，帝王的力量，從自然史觀來看，也眞是微乎其微了。

在植物學中，它屬松柏科，落葉喬木，高可十餘丈，雄雌異株。木質堅細，爲建築良材，而且值得稱道的是，其一它是史前期的植物，即在地球上爬滿恐龍的時代它已有了。在冰河時代以前的化石中就有銀杏樹了。這比現在生長著古銀杏，還不知早幾百萬年，眞可以說是老祖宗了。其二它是中國所產，中國是它的故鄉，世界其他各地的銀杏樹，都是由中國引種過去的。銀杏樹植物學名是（Gingko biloba），是日文音譯。而日本的銀杏樹也是由中國引種過去的。知堂在〈中國的古樹〉說：「由於中國學者的懶散，日本人首先把它介紹於世界學術界，所以拼了日本讀音了。」這也是值得深思的事。

銀杏名公孫樹，據說是因其年長，「公」種樹，到「孫」輩才能吃果。現在中國最古的銀杏樹，據說四川青城山有漢朝的，較之潭柘寺晉以後所種，又提前數百年了。因其是冰河期以前的植物，在古生物學中所說的史前期「三疊紀」、「侏羅紀」時期，生長最爲茂盛。因而現在有「活化石」之稱。故國喬木，神州故國，銀杏該是最老的了。

慈禧太后砍倒銀杏樹

前文說到在北京銀杏俗稱白果樹，這還可以講一個清末的政治故事：

西后垂簾時，庚子年成爲聯軍指名戰犯的滿臣英年懂得看墳地堪輿，俗名「看風水」，文言才叫「堪輿」，或「青鳥之術」，他替西后看好順義縣普陀峪「萬年吉地」（即墳地的頌聖叫法），急於升官，又向西太后獻媚說：醇賢親王（光緒皇帝的本生父）陵園上有古白果樹一株，高十餘丈，蔭蓋十幾畝，遠望如皇帝出巡時的翠蓋。按地理風水，這應該是皇帝的墳地，而且白果樹的「白」字放在王爺墳的「王」字上，正是「皇」字，對太后大爲不利，請首砍去此樹。當時那拉氏和光緒的矛盾已十分尖銳，就對英年說，我就命你們把樹砍了，不必告訴他，指不必告訴光緒。內務府大臣們雖然領了懿旨，但還不敢冒昧從事，又請示光緒。

光緒聽了要砍他父親墳上白果樹，嚴加訓斥，說你們要砍此樹，先砍我的頭。內務府誰也不敢去執行任務，相持月餘。一天早上，光緒聽說西后出宮往醇賢親王墳上去了。便也連忙趕了去，奔向紅山口，一路號啕大哭。趕到墓地，那拉氏先走了，樹早已砍倒，同時把根部挖成了大池，澆了生石灰燒了根，原來是瞞著光緒，早已叫村人準備了。

王小航（照）任禮部主事，曾參與戊戌政變，是帝黨人物。庚子後英年因包庇義和團被處決。光緒二十八年王小航假稱是「趙舉人」到紅山口湯山一帶住下來，向當地人作了調查。瞭解當時那拉氏親自砍了三斧頭，叫人砍倒白果樹的故事。他的名作〈方家園雜詠記事詩〉二十首，第一首即是寫這件「白果樹」的故事。詩的後兩句所謂「濮國大王天子父，南山莫保一株橋」。其「橋」字與喬木之喬相通，即指那棵白果樹。《詩經・鄭風》「山有橋松」，即此字，訓「高」也。「濮國大王」，則用的是宋英宗的典故，宋英宗趙曙是濮安懿王之子，是宋仁宗趙禎的堂侄。他作了皇帝後，下詔書讓大臣們討論崇奉濮王的典禮。司馬光、歐陽修等人主張應尊仁宗爲皇考（即皇帝父親）、濮王爲皇伯。王小航的詩用這一典故比喻光緒。因光緒的本生父是醇親王奕譞，但他過繼給其伯父奕詝（咸豐帝），也是那拉后的兒子，情況同趙曙一樣。

長壽、崇高的槐樹

槐樹（上）

從古以來，人家均愛在庭院中種植槐樹，首先取其葉密蔭濃，第二取其象徵吉兆。唐代長安宮門外天街上，都種成行槐樹，好像衙門中官吏站班一樣，稱作槐衙。

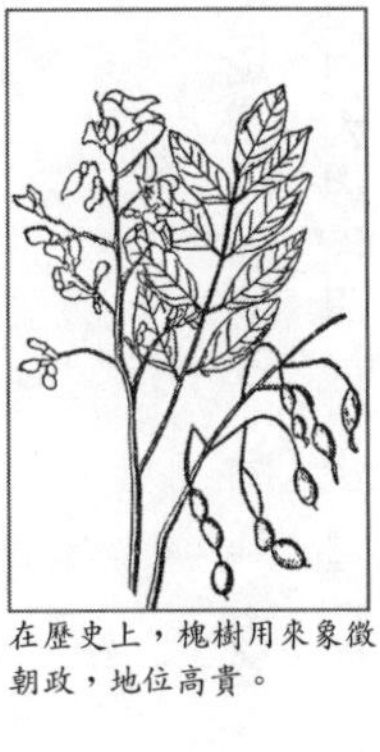

在歷史上，槐樹用來象徵朝政，地位高貴。

讀北京《中山公園二十五周年紀念册》第四章〈古槐〉云：「居社稷街門內左右方各一株，圍徑一丈三尺五寸，空心，現實以磚泥，上生三幹，左右下垂短枝百數十，仍具蔥茂之狀。按清乾隆時錢萚石侍郎（載）〈社稷壇雙樹歌〉所述『空腔偃臥，小幹分披』，形狀與今大致相同。其云『曉趨闕右陪祀壇，禮畢巽隅觀古樹』，『巽隅』即東南隅，與今地位亦同，以時計之，當係四五百年前所遺之物。」

北京古槐是元朝遺物？

談到北京中山公園的古樹，去過的人都知道，最著名的是柏樹，當年建園時，有古柏九百零九株，古槐較少，只有二十三株。但是有些古槐卻是十分重要的。柏樹大都是明永樂年間即十五世紀初修社稷壇時所植，而這些古槐中有幾株則是修社稷壇時早已有了的，其年齡又可前百年左右，即已是十三世紀後期元大都時的遺物了。元大都的城在明代北京城北面，現在中山公園一帶正是元大都南城門麗正門的右側，當時這裡有寺廟，這些古槐是當時寺廟的槐樹。引文記載說是四五百年遺物，實際還少說了一百來年。

槐樹生長是十分慢的，俗語云：「千年松，萬年柏，頂不上老槐歇一歇。」一株老槐樹，歇上一歇，就是八十一百年。過去中山公園春明館有對聯云：「名園別有天地；老樹不知歲時。」老槐眞可以說是不知歲時，錢蘀石二百年前所歌的古槐，二百多年以後與詩對照，仍是老樣子，眞可以說是不知歲時了。

槐樹與朝政、司法聯繫

槐樹在植物學中說它原產於東部亞細亞，落葉喬木，實際也是中國的樹種。而其學名Sophora Japonica，則是按日本音拼的。和銀杏是同樣的原因，就是日本學術界最早將這一樹種介紹給世界。在中國歷史上，槐樹是很古老的，而且是很高貴的。《周禮・秋官》云：「朝士掌建邦外朝之法……面三槐，三宮位焉。」注解說：「槐之言懷也，懷來人於此，欲與之謀。」而《春秋》也說「樹槐聽訟其下」。可見在古老的時候，栽種槐樹是和朝政、司法聯繫在一起的。關於槐樹的故事是很多的。

春秋時，晉靈公不理朝政，宣子突然間來勸告他。晉靈公很覺討厭，派一個叫鉏麑的人去行刺。鉏麑一大早趕到他家，看見臥室門已打開了。宣子已穿好整齊的朝服，就要準備上朝去朝見晉靈公，因時間尚早，坐著又睡著了。鉏麑感到宣子這樣認眞，不禁歎息說：「他不忘記趕早去上朝，十分認眞，必恭必敬，這眞是老百姓的好官，我要刺殺他，我就不是忠心於國事的人了。但是我不刺死他，違背了國君的命令，我又是個不守信用的人。忠、信二字，有一作不到，那就不如死了。」他歎息了一番，感到不能再活，便撞在槐樹上自殺了。這是《左傳》中記載的關於槐樹的著名故事。

古槐樹旁，南柯一夢

唐代東平淳于棼，住廣陵郡東十里，住宅南面有株大古槐，枝幹修密、綠蔭數畝。一天他吃醉酒，被人扶回家中，在東房裡便睡了。正睡得好，忽然見兩個紫衣使臣，說是奉槐安國王的命令來請他，他便穿了衣服，跟使臣坐駟車去了，到了一處非常美麗輝煌的都城，門樓寫著「大槐安國」。國王接見他，招他作駙馬，把公主嫁給他。他謙虛了一番，便與公主成親。公主名瑤芳，極爲美麗，舉行典禮時，女賓都如仙人。後因南柯郡原太守失職，國王派他繼任，作了二十年太守，南柯郡大治。後因敵國來侵，拒戰敗績，大將病死，公主也病死，連遭不幸，他請求回京城，國王允許了。他回到京師，交結賓從，作威作福，國王懷疑他，解除了他的侍衛，嚴禁賓客來往。他自思守郡多年，受到懷疑，因此鬱鬱不樂。國王知道了，對他說你可以回到家鄉去，這樣便派使臣送他回去。一路山川原野，仍像他當年來時一樣。一回到了家，原來仍然睡在東房窗下。後來在大槐樹下找到一個大螞蟻窠，深廣有一丈，螞蟻聚集處，都是他夢中所經歷的地方，不禁感「南柯之浮虛，怪人生之倏忽」……這是唐人傳奇中關於古槐的著名故事，見李公佐的〈南柯太守傳〉。

三槐之家出宰相

宋代初年王旦的父親王祐，累官兵部侍郎、尙書，當時還是殘唐五代的周朝，趙匡胤尙未黃袍加身，宋朝還未建立，他已很出名了，後來作了宋太祖趙匡胤的名臣，他告誡杜重威不要反對後漢，盧多遜要害趙普，他不與同謀，爲符彥卿辨明無罪，當時人多稱讚他能暗中幫助人，聲譽很好。他曾在院子裡自己親手栽種三株槐樹，並且自信地說「我的後代一定有作三公的，種上這三株槐樹作個標誌」。後來王旦出生了，好學有文思，王祐更自信了，說這孩子將來一定可以作宰相、封公爵，後來到眞宗時，王旦果然作了公相。蘇軾特爲此事，寫了題爲〈三槐堂銘〉的文章。這是《宋史．王旦傳》所記關於槐樹的故事。

以槐樹象徵官運

從周朝一直到宋朝，從西元前三四世紀到西元後十世紀，一千三四百年間，槐樹故事一直是和大官有著密切關連的。不但姓王的人家，都以「三槐」名堂，不少文人學士，都愛以「槐」名堂名室。宋朝都城學士院第三層廳，院子裡有一株古槐，稱作「槐廳」，傳說某些學士，只要在此廳待過的，就可入相，因而不少學士把別人行李扔出去搶著霸佔居住，希望以後能入相。

古代還有「槐里」、「槐市」、「槐衙」的說法，而且槐樹又名守宮槐，從古以來，人家均愛在庭院中種植，首先取其葉密蔭濃，第二取其象徵吉兆。漢、唐以來，都城學宮，都種很多槐樹；唐代長安宮門外天街上，都種成行槐樹，是當時的街樹，稱作槐衙，說明一株株成行槐樹，好像衙門中官吏站班一樣。唐武元衡〈酬談校書〉詩云：「蓬山高價傳新韻，槐市芳年記盛名。」從詩句可以想見唐代長安學宮中的情調。結合當時的諺語：「槐花黃，舉子忙。」就更可以想像當時考舉子時的情況，展現一幅充滿文化氣氛的唐代長安槐市風俗畫卷了。

槐樹（下）

門前槐樹綠成蔭

李笠翁《閒情偶寄》中云：「樹之能爲蔭者，非槐即榆。」文人學士，書房外面，一樹老槐，冬天聽風聲，夏天賞綠蔭，聽知了叫，無一不宜。

槐樹蟲從樹上吐絲掛下來，被戲稱曰吊死鬼。

我在半個多世紀之前，家住北京皇城根，一進大門右手，就有兩株十分高大的老槐，裡院房東又種了五株洋槐。朝夕見面達十餘年之久，印象極深。

槐樹是北京的街樹

據清陳淏子《花鏡》記：「樹高大而質鬆脆，葉細如豆瓣，季春之初，五日如兔目，十日如鼠耳。更旬始規，二旬葉成，扶疏可觀。花淡黃而形彎轉，在秋初開花。」但是在《本草綱目》中卻說：「四月五月開黃花，六月七月結實。」其所記花期不同。這可能是各據不同的槐種記載的花期。北京的槐樹最多，每個胡同中都有大槐樹，三十年代的街上，也種了不少槐樹作街樹，如著名的府右街，南北長街、南北池子等處，種的都是槐樹。

具體說，槐樹有兩種，一是開黃花的老槐樹，生長期慢，花期在陰曆四五月間。綠葉扶疏，黃花閃灼，正春末夏初。商衍鎏《清代科舉考試制度》說：「唐代考試在春夏之間，觀曲江看花、櫻桃宴，槐花黃、舉子忙之說，可以爲證。」說的是這種槐樹。

另一種北京人叫「洋槐」，夏末秋初開花，白色，如藤蘿花，一串串的，有濃郁的香味，生長較快，木質鬆脆。當年北京街頭，都以這種樹作爲街樹。夏天暴風雨過後，常常被風吹折枝幹。《花鏡》所說，好像是這種樹，花基本上是白色的。花尖稍有黃綠意。至於老槐的花，那是很嬌貴的明黃色，不好叫淡黃了。

槐葉可食，可當茶飲

《淮南子》說老槐可以生火，古人取火留火種，是十分重要的事。嬌黃的槐花未開時，採下炒過煎水是很好黃色的染料。另外槐葉還可以吃，《本草綱目》李時珍注曰：「初生嫩芽可炸熟，水淘過食，亦可作飲代茶。」杜甫的〈槐葉冷淘〉五古，寫得十分有情趣。詩云：

> 青青高槐葉，採掇付中廚。新麵來近市，汁滓宛相俱。入鼎愁過熟，加餐愁欲無。

碧鮮俱照箸，香飯兼苞蘆，經齒冷於雪，勸人投比珠。願隨金騕褭，走置錦屠蘇。路遠思恐泥，興深終不渝，獻芹則小小，薦藻明區區。萬里露寒殿，開冰清玉壺。君王納涼晚，此味亦時須。

「槐葉冷淘」，簡言之，即槐葉汁拌冷麵，而且是「新麵」，即夏初剛打下的麥子磨的麵，想來是很好吃，而且色彩十分漂亮。「騕褭」，駿馬名，天眞而忠心的詩人，想著把這樣的美味用金鞍駿馬，送到皇帝的彩畫屠蘇草的華堂上，想皇帝也該嘗嘗這個美味，天眞之態可掬。而他想君王，君王又哪裡會想到他呢？這正應了北京的一句歇後語：「剃頭挑子一頭熱」了。

前人種槐，後人乘涼

李笠翁《閒情偶寄》中云：「樹之能爲蔭者，非槐即榆。《詩》云：『於我乎，夏屋渠渠。』此二樹者，植於宅旁……夏日之屋，非大不涼，與三時有別，故名廈爲屋。」李笠翁的話，舊時久住北京的人，感受特別深。住在古老的大小四合院中，深深的院落，深深的胡同，在自己院子中，在別人院子中，或是在胡同口上……總有一兩株高大的老槐樹，到了夏天，總有一大片陰涼，或罩滿院子，或罩住房頂，初日或斜陽時，隔壁的老槐，也會把陰涼灑到你的院子中，「前人種樹，後人乘涼」，北京作了近千年的首都，明清兩代也有五百多年，這些老槐樹，年輕的也有百數年樹齡，老的二三百年、三四百年都有。當年北京沒有高層建築，夏天站在北海白塔上四周一望，一片綠海，差不多全是槐樹。

文人喜與槐樹為鄰

文人學士，書房外面，一樹老槐，冬天聽風聲，夏天賞綠蔭，聽知了叫，無一不宜。夏夜在槐樹下乘涼，一壺好茶，一把芭蕉扇，天南海北地一聊，那更是人生不可多得的樂事。自然怕槐樹蟲——俗名「吊死鬼」的人，一個涼陰陰的很軟的小蟲突然掉在脖子上，也會使他大吃一驚的。周遐壽（周作人）〈補樹書屋舊事〉關於這事寫得很有趣：「……現在圓洞門裡邊一棵大槐樹，婦女要上吊已經夠不著了。但在幾十年前或者正是剛好，所以可能便是那一棵樹……可是住了看也並不壞。槐樹綠蔭正滿一院，實在可喜，毫無吊死過人的跡象，缺點只是夏秋之交有許多槐樹蟲，遍地亂爬，有點討厭，從樹上吐絲掛下來的時候，在空中擺蕩，或戲稱曰吊死鬼，這又與那故事有點關聯了……」

幾十年前著名畫家、金石家陳師曾號「槐堂」，因爲他最早住在新華街張棣生院子裡，有一棵大槐樹，因以爲號。後來悼亡之後，他買了西城根褲子胡同的新房子，搬了過去，門前又是綠樹成蔭，其四首移居詩中有句云：「門前幾樹綠成蔭，比似槐堂孰淺深。」

年開百秩而逝世的俞平伯先生，他的故居老君堂有古槐書屋，是現代學者著名的以「槐」名其居舍的。有著名的《古槐書屋詞》行世，過去他寫過幾本著名的散文集《古槐夢遇》、《古槐夢尋》，而其故居當年這棵古槐的情況又如何呢？知堂在《古槐夢遇·序》一開頭就寫道：

平伯說，在他書房前有一棵大槐樹，故稱為古槐書屋。有一天我走去看他，坐南窗下而共陰涼，窗外有一棵大樹，其大幾可蔽牛，其古準此。及我走院子裡一看，則似是大榆樹也。

老輩的風趣，於此可見一斑，讀後使人爲之神往。見喬木而思故國，撫老槐亦可感往昔了。而北京近年到處蓋了高樓，老槐也越來越稀少。

金針花與萱草

故園草木（上）

將萱草葉子，擰成三股，編成長鞭，拗半截柳枝作個柄，繫上便可以隨意揮動了。大家追逐著，歡天喜地在菜園子裡玩，直到大人一頓臭罵，才做著鬼臉紛紛從斷牆頭逃出去，這是故園萱草留下的美好記憶。

萱草的葉子可擰起來編成草鞭子打響鞭玩。

咱家故園，是北方的一個偏僻的苦山鄉，地當晉、冀交界之處，在春秋時代，是趙國的邊地。趙武靈王的墓在這裡，所以地名靈丘。拓拔氏北魏時代，其政治中心在雲中，這裡是通向冀中大平原的交通要道，在地理位置上十分重要，迄今還留下兩通有名的魏碑。

一條發源於北嶽恆山的河向東南橫貫全縣流入河北省白洋澱，再流入天津海河入海。河的南北岸，最寬處不過十幾里路，其他南北都是連綿不斷的山了。這條河古名誆水，冬天結冰時，河面也可看到寬有十來丈的堅冰；而到春天一開河，桃花水（每年春天桃花開時，黃河等處漲起的潮流）一過，河就乾了，河床上全是大大小小的石頭，並不都是滾圓的鵝卵石，也有不少其他形狀的，在石頭中，經常只流著丈把寬、一尺來深的一股「洪水」，晝夜嘩嘩地響著很大聲音東流而去，只有在夏天雨後、山水滾滾而來的時候，才有點氣勢，也才可以利用來澆地淤地。

鄧峰寺松柏界線分明

我家住在河南岸的鎮上，南北兩面，先是丘陵地帶，連著就是南山和北山了。南山有點青秀，北山望去，則是一片黃土。因而家中的祠堂掛著一塊匾，曰「南峰草堂」，南峰是先祖選青公的別號，他名邦彥，在十九世紀末，是以舉人應朝考，作過內閣中書的小京官。先父漢英公則是沒有功名的民國人物了，不過他很喜歡作詩，很熱愛這個祖祖輩輩居住的地方，曾有兩句詩道：「五百年來宅詎陰，綿綿累世盡儒林。」還是老輩讀書人的思想感情。

北方山鄉，不比江南，既寒冷又乾燥，千百年來的水土流失，使得山是黃禿的、水是黃濁的，記憶中極少青山綠水的印象，不少地方的草木也都像癩子頭上的毛髮，縱然是夏天，也都稀稀疏疏的，蓋不住黃色的地皮。故園大部分都是這樣的，但也有例外，就是在村落附近，固然不少都是黃土梁，卻也有幾處泉水潺潺的小山村，也有幾處樹木茂密的小山溝。出了鎮上南堡門，爬過黃土梁，走不上幾里路，順著山溝左手一轉彎，就有兩座長滿松柏樹的山，山凹裡一座不大的廟，叫鄧峰寺，山門對著左右二山，一邊長滿松樹，一邊長滿柏樹，幾百年來，界限分明，互不混亂，當地諺語道：「松柏不亂鄧峰寺。」小時候平時看鎮上南北梁的黃土坡地，偶然一次隨大人到這裡來玩，看見滿山這麼些松樹、柏樹，從樹林中鑽來鑽去，覺得哎呀，眞好玩呀！

鮮炒金針花風味特佳

草，當然是隨處都有的，故園的草，幼稚的印象中並未留下多少記憶。能回憶起來，饒有興味的，一是萱草，一是大穀草。

自己家有兩處菜園子，另外別人家也有幾處菜園子，這都是幼年最愛去玩耍的地方。每個菜園都有口可以放雙轆轤的大井，上下兩個水斗來回絞水倒在石槽中再流向園子各處灌園。這同江南用水桶挑水灌園的辦法完全兩樣。

在井臺四圍，照例有十來株樹，杏樹、楡樹、桑樹、核桃樹等等，而靠轆轤架邊上，照例種幾叢萱草，長的都很茂盛，碧綠的長條葉子四散披離著，中間一根梗子上開著長長的金黃的花，這就是有名的金針菜，北京叫黃花菜，南貨店賣的是煮熟後曬乾的，而園中的黃花菜，卻可摘了鮮的炒著吃，比乾的水浸了再炒好吃得多。

萱草鞭子當玩具

不過孩子們卻不大注意鮮黃花菜的好吃與否，最大的興趣卻是摘了萱草的葉子，擰起來編成草鞭子打響鞭玩。鄉間兒童，不論貧富，一般都沒有地方買玩具，只有自己製造。而北方山鄉人家，養騾馬牛羊的很多。三套四套大車車把式用的長竹柄帶大紅羽毛纓的鞭子，羊倌放羊時，手裡舞弄的短柄長鞭子，一揮啪啪亂響，都是男孩子們羨慕的玩藝，可是眞的皮條編的，那是很貴的，自然買不起也弄不到。把長長的萱草葉子，擰成三股，編成一條長鞭，拗半截柳枝作個柄，繫上便可以隨意揮動了。大家追逐著，揮動著，歡天喜地在菜園子裡玩，把畦子裡的菜常常踩的亂七八糟，直到大人一頓臭罵，才做著鬼臉紛紛從斷牆頭逃出去，這是故園萱草留下的美好記憶。

在井臺邊，除去萱草之外，自然還有很多草，魯迅寫過〈從百草園到三味書屋〉，百草園是他們的後園，因了他而大大地出名了。什麼「何首烏」、「木蓮藤」、「覆盆子」等等，想來都是很好的。而我所說的這個園，除了萱草之外，還有其他什麼草，則我都不記得了。現在想來眞遺憾。

大穀草與參天老樹

故園草木（下）

金人南下，打破汴京，宋徽宗經營多年，從江南運來無數奇花異樹的艮嶽，在一月之間，全部變爲樵蘇，被砍伐殆盡。皇家苑囿尚且如此，何況是亂世兵火後私人家的一點花草樹木呢？

芍藥在冬天，根凍不死，明年春天仍會發芽。

鎮上順北街走，轉過曾王廟和戲臺就出村了。再走一里來路，就可到滹水邊。在大河與村落之間，有一小片河灘地，還有一片楊樹林、一條小河汊，因而到夏天這一帶是綠陰陰的，是孩子們放驢放騾馬的好去處。夏天牲口不幹活，牽到這片楊樹林中、河汊灘邊的草地，任牠自由自在地吃青草，或閒散地站在那裡東張西望，再不要負重，再不會挨鞭子，讓牠們舒服地過個夏天，謂之「放青」。

「大穀草」的回憶

孩子們讓牲口們放青，自己則也可在草地裡翻跟斗，捉螞蚱，無拘無束地玩，不過還有任務，就是要割一小捆「大穀草」，帶回去給牲口晚上吃。驢騾馬匹夜間槽頭吃的「宵夜」是十分重要的，「馬不得夜料不肥」嘛，不但要吃草，而且要加料。鄉下叫「大穀草」，是一尺多高的帶穗子的翠綠的草，現在回想起來，實際就是茅草，河灘潮濕，茅草長的很壯，正是很好的青飼料。「日之夕矣，牛羊下來。」到日落西山的時候，孩子們把割好的草捆了，搭在驢上，自己又站——是站，不是騎，是赤腳分開斜踩在驢的脊樑兩側——在驢背上慢悠悠喊著、叫著、唱著，從小楊樹林穿出來，各回各家。我要上學，不能跟他們一起享受這種快樂，但多麼羨慕呢！因而幾次逃學跟著他們去放驢、割「大穀草」，這樣，「大穀草」又給我留下甜蜜的記憶。

記憶中的參天老樹

村中大樹不多，南面堡門外坡上，有三棵很挺秀的松樹，樹齡大概有一百多年吧，最高松枝也有兩三丈了。全村各處都能望得見。這松長在廟外崖邊，平時孩子們偶然有拾松塔，剝松皮，但也並不十分好玩。印象最深的是正月十五耍龍燈時，鑼鼓喧天的隊伍由北街開始，東西南北四條街耍完後，太獅、少獅、旱船等都結束了。而兩條龍燈還爬上坡去，在這三株松樹間轉來轉去，叫作「龍盤松」。這時已近午夜時分了，可是大孩子還在期待著，遠遠地望著黑黝黝的夜空中，蠕動著的燈火龍像夢幻般繞來繞去，松樹的黑影在似有似無之間，此後，便是燈火闌珊之際了。

松樹之外，有些株老柳樹，一是場院漚青肥池邊上的老柳樹，三四丈高，枝繁葉茂，夏日濃蔭不但遮住漚肥池，也遮住了半個場院。再有就是住屋後的圍房樹，這是家中最後面一個院落，白天沒有人來，正房後面有一排五六株高大的老柳樹，夏天陰涼不但遮滿了房頂，連整個院子也遮住了。而冬天卻也相當嚇人，晚間我跟著母親到後院睡覺，黑呼呼的，一進院子就聽到西北風振撼這幾棵老柳的聲音，有時半夜睡醒，聽到風聲搖樹震屋，似乎要把樹和房子一道拔走……。

摘杏子，吃杏仁

山鄉人家，常常高處可以看到低處，低處人家也可望到高處人家。隔河北山坡下有一個極小的山村，倒有幾十畝河灘地，都是修成梯田的淤地，人家五六戶，石頭砌的房舍都背山向陽而居，房前全是杏樹，春天開花的時候，站在我家廚房院陽臺上，可以清楚地望到在陽光下一片粉白的花浮動著水氣。後來我讀書到「雲蒸霞蔚」時，總會想到兒時故園的這種情景。待杏子熟時，孩子們更是喜歡蹚水過河，到這裡拾杏子吃，我天生不吃杏子，但也很愛它的顏色，再有別的小朋友吃了杏，我討來杏核搗杏仁吃，甜杏仁鮮時，特別好吃。苦的則一吃一斂嘴，連忙吐了。這也是天眞的夢了。

芍藥、牡丹户外過冬

北方山鄉氣候嚴寒，不少草本木本花卉都不能在戶外過冬，要養在盆中，冬天放入地窖中，封好口，春天搬出來。鄉間古老的房子，院落很多，夏天也有不少花木。而冬天在院子裡過冬的只有三種，一是大門進來處一大叢芍藥，一是中間院子中一大棵牡丹，還有就是北跨院一大棵丁香。芍藥是草本植物，冬天葉子割去，根在泥土中過冬，泥土也會凍起來，要凍一二尺深，但芍藥根凍不死，明年春天仍會茁壯發芽。牡丹木本，冬天用草把枝條包起來，根部多堆些亂草，因種在院子西北角，向陽而背風，所以長得很好。至於丁香，更是很耐寒的，故園那株紫丁香根部幾根纏在一起，高與簷齊，蔥蔥茂茂，每年著花時一樹紫霞，兩三個院子都是香的。縱然過了花期，一樹綠葉，在小綠野軒廊前，日影斑駁，也極爲宜人。

每年冬天送入花窖中的有幾株桂花、石榴、無花果等，最有情趣的十五六盆玉簪，夏天一字擺在書房外青石階上，大葉披離，綠油油的，抽出枝梗，開出雪白的玉簪花，在我的感覺中，比水仙還要高雅宜人。北方少雨地寒，不能種芭蕉，因而「繞屋是芭蕉，一枕黃昏雨」的境界是感覺不到的。但夏天遇到連陰雨時，雨點滴在玉簪葉子上的聲音，淅瀝可聽，也頗有雨打芭蕉的情趣。

兵火毀壞故園草木

故園在北方山鄉，那裡是苦寒的地方，沒有什麼奇花異草、名貴樹木，況且自己很小就離開了。因而故園草木，所能回憶的也就十分有限了。但是這點可憐的草木，在日寇侵略的鐵蹄下，也已蕩然無存了。金人南下，打破汴京。宋徽宗趙佶經營多年、以花石綱從江南運來無數奇花異樹的艮嶽，在一月之間，全部變爲樵蘇，被砍伐殆盡。當年皇家苑囿尚且如此，何況亂世兵火後私人家的一點花草樹木呢？也只是如此而已罷了。

寒窗花草

蠟梅與水仙

據說水仙要刀割了，才能開花。我很笨，不會這個手藝，便請朋友割之。不想雖然動過手術，我仍不會養，結果葉子長得很好，越長越高，只是不開花，變成一盆大蒜了。

「寒窗照影水仙花」，水仙自是寒窗仙品。

前年十二月間，路過附近一個小花店，見聖誕紅開得很好，便買了一盆，擺著看看。剛買來時，天氣還好，暖日當窗，花紅葉綠，很是賞心悅目，覺得這幾塊錢沒有白花。可是過了幾天，突然寒流襲來，室溫頓降，嬌紅的花一下子全蔫了，蔫了也就完了。感到草木之屬，有的眞不如人堅強，不如人禁得起凍。

過後不久，到福州出差，才發現在福州這聖誕紅又叫「一品紅」、「象牙紅」，原來是長在戶外的樹，長得有一二丈高，滿樹開花。南北只差一千多里路，氣溫就相差這些，花木也就大不一樣了。南國四季花開，是得天獨厚的。但也有缺點：不知冰雪爲何物。新加坡一位女士同我說：新加坡樣樣都有，就是沒有冬天。人說來是奇怪的：沒有冬天地方的人，幻想著冰天雪地的世界，有錢的花錢去旅遊，到滑雪聖地去滑雪……而有冬天地方的人，卻又想在冬天的室內看到一點綠的草、紅的花……當然有權勢的人，可以在室內修個花園，外界冰天雪地，而我這裡照樣可以是南國風光。這是冷熱地帶人的不同心態。

生活在江南的人，既不同於北方，又不同於炎方。北方不要說東北，就說北京吧，冬天也要冰封大地二三個月之久。梅花、蠟梅、桂樹等都只能種在盆中，不能在戶外生長。而江南就可以，冬天雖然有時也可冷到零下幾度，但時間短，三五天又回暖了，地表不凍，因而梅花等都可以在戶外生長開花。記得有一年春節前正好有事住在蘇州姑蘇飯店，天下著大雪，而飯店門口幾叢大蠟梅，卻開得正猛，大片雪花落在花朵上，花枝都壓彎了，而花卻怒放如故，一點也不受影響。這種景觀，在北京、在南國，都是無法想像的。

蠟梅不是梅花？

我很愛蠟梅，過去每到過年總要買一枝蠟梅、一枝南天竹，插在瓶中，點綴歲華。蠟梅插瓶，花期也很長，差不多可以開半個多月。說來我還不會擺弄，人家會養的，可能更長些。蠟梅一看花，二聞香，黃色花心的，俗稱素心蠟梅，更香些。紅色花心的，香味差些。

今年春節前，經過附近小菜場，看見小販又在賣，便又買了一箭，幾年不見了，如對待老朋友似的感到欣喜。回來慎重其事地把瓶注了水，插上看了十來天，聞了十天香。

據說「蠟梅」不是梅，范成大《梅譜》中說：「蠟梅本非梅類，以與梅同時而香又相近，色酷似蜜蠟，故名蠟梅……蠟梅凡三種，子以種出不經接，花小香淡，其品最下，俗謂之『狗蠅梅』。經接花疏，雖盛開，花常半含，名『磬口梅』，似僧磬之口也。最先開，色深黃如紫檀，花密香濃，名『檀香梅』。此品最佳。蠟梅香極清芳，殆過梅香，初不以形實貴也。」

在植物學分類中，蠟梅屬蠟梅科落葉灌木，是自成一科的。以種子種植的品質惡劣，用分根、壓條方法繁殖的，著花繁茂。

宋黃山谷有〈戲詠蠟梅二首〉、〈蠟梅〉詩、〈從張仲謀乞蠟梅〉詩。其〈戲詠蠟梅二首〉題下注云：「京洛間有一種花，香氣似梅。花五出而不能晶明，類女功拈蠟所成，京洛人因謂蠟梅，木身與葉乃類蒴虈。竇高州家有灌叢，能香一園也。」

據此人們都說蠟梅自北宋才普遍栽植，而且是由河南傳向江南的。據山谷詩注，亦可見河南可生長灌木叢，生長在戶外，到了燕山，這點又辨不到了。過去在北京見到八九尺高的蠟梅，也是種在大木桶中的。黃山谷幾首蠟梅詩，最後一首最有情趣：

聞君寺後野梅發，香蜜染成宮樣黃。
不擬折來遮老眼，欲知春色到池塘。

為水仙「動手術」

與蠟梅同時開放的，有水仙，水仙是石蒜科多年生草本。據說漳州水仙最出名，前幾年到福建出差，朋友送我幾顆水仙，我珍重地帶回上海。據說水仙要刀割了，才能開花。我很笨，不會這個手藝，便請朋友割之，一半歸她，一半我自養。不想雖然動過手術，我仍不會養，結果葉子長得很好，越長越高，只是不開花，變成一盆大蒜了，眞是遺憾。第二年我索興請朋友幫忙，在她家中先養，到開花時，再給我拿來，總算看到水仙花了。曾有詩云：「寒窗照影水仙花。」有了花便也有了詩。

寒天的花再有就是梅花，不過比蠟梅、水仙差不多要晚上一個月。至少在舊曆正月下旬才盛開，實際已是早春了。曹雪芹寫「琉璃世界白雪紅梅」，把花期寫在十月中，如把小說的一切認眞考據，那曹雪芹對南方生活看來只是耳聞，而無實際生活體驗，或者是明知而故意這樣寫。總之，從事實講，是差著三個多月。

江南寒窗花草，自有其特殊情韻。明張謙德《瓶花譜》云：「冬間別無嘉卉，僅有水仙、蠟梅、梅花數品而已。」這正是江南說法，如在嶺南炎方，自不同了。樓鑰詩云：「一味眞香清且絕，明窗相對古冠裳。」蠟梅、水仙，自是寒窗仙品了。

老少咸宜的「玩具」

蟋蟀（上）

唐、宋之後，鬥蟋蟀在民間十分普遍。不論城鄉，無分南北，到了秋季，不少人都愛好這一遊戲，這樣專門著作也出來了。南宋著名的權佞宰相賈似道就寫下了一本很有趣的小書——《促織經》。

鬥蟋蟀風氣盛行，「蟋蟀大全」更是不勝枚舉。

我在談到蟬時，曾說過現在小孩捕捉知了的方法，仍舊同《莊子》書中所說「痀僂承蜩」的方法一樣，這中間又沒有人主動去傳授或師承，但代代相傳，總用同一的方法去遊戲，細想起來，不是很有意思嗎？再有就是蛐蛐和蟈蟈，這兩種有趣的昆蟲，一個既會叫，又會鬥；一個本領差一些，只會叫，但叫得更好聽，同樣爲人所喜愛。

玩蛐蛐，玩蟈蟈，不但歷史悠久，而且區域廣闊，北到燕山，南到嶺南，東至吳越，西及巴蜀，幾乎沒有一個地方的孩子沒玩過這兩種昆蟲。誰下的命令、誰來推廣的呢？沒有，是自然形成的，這就是歷史，這就是民俗，這就是不經任何人工合成的純樸的生活情趣！

蟋蟀別名一籮筐

蛐蛐的學名是蟋蟀，這是最早出現在經書上的名蟲，《詩經・唐風》有「蟋蟀在堂」三章，另在《詩經・豳風・七月》篇中又寫道：「五月斯螽動股，六月莎鷄振羽，七月在野，八月在宇，九月在戶，十月蟋蟀入我床下。」

注云：斯螽、莎鷄、蟋蟀，一物隨其變化而異其名。在著名的陸璣《毛詩草木鳥獸蟲魚疏》中又詳注云：「蟋蟀似蝗而小，正黑有光澤，如漆，有角翅，一名蛬，一名蜻蛚，楚人謂之王孫，幽州人謂之趨織，督促之言也。俚語曰『趨織鳴，懶婦驚』是也。」

蟋蟀的別名甚多，在《詩經》中即又叫斯螽，又叫莎鷄。到後來則是越變越多了。現在北京小兒叫「蛐蛐兒」，蘇滬一帶小孩叫「賺績」，這種寫法見顧祿《清嘉錄》，實際都是「趨織」、「促織」的一音之轉，南北口音不同，出現了不同的叫法。至於蛬，則係蛩的異體字。而「王孫」一詞，則不普遍，只是詩人詞客吟唱的材料耳。有人寫〈秋日詩〉道：「芳草不復綠，王孫今又歸。」因為「萋萋芳草憶王孫，柳外樓高空斷魂，杜宇聲聲不忍聞……」是傷春詞的名句，現在秋天的詩又用芳草、王孫，人便不理解了。實際這裡是巧妙地用了「蟋蟀」又名「王孫」的典故，不知此典的人，讀來便大惑不解了。

促織鳴，懶婦驚

蟋蟀之與人關係密切，首先在於牠依人而居和牠的鳴聲感人。所謂「嗟我婦子，曰爲改歲」，即看見蟋蟀依人，聽到聲音淒切，則知寒之將至矣。一年秋去冬來，又快過完了，有歲時之感的人，誰不因之吃驚呢？「促織鳴，懶婦驚」，連懶婦都吃驚，何況離人羈客呢？自是感慨萬端了。

近代詞人朱彊村有一首〈月下笛〉，題目是〈聞促織感賦〉，寫得十分纏綿，不避文抄公之嫌，引在下面，供讀者吟賞：

> 冷月牆陰，淒淒碎語，替秋言語。羈人聽汝，噞愁絲，黯無緒。空階都是傷心地，恁禁得哀鐙斷雨。正宵堪四起，霜弦孤曳，宛轉催曙。
>
> 愁誤，金籠住。伴落葉長門，枕函慵訴。回紋罷織，舊家零亂機杼。西風涼換人間世，問憔悴王孫幾度？等閒是變了潘郎鬢，夢寄誰去？

詞人的感受，雖不同於懶婦、思婦，但因蟲聲的淒切，牽動思緒離愁的關係是一致的。「吹縐一池春水，干卿底事？」用科學家、哲學家的觀點看蟋蟀叫，是兩翅磨擦發聲，是動物本能，並不是叫，與人根本無關係。但古今多少善感的人，卻因了小小蟲聲，牽動感情，想來又是多麼可笑呢！而朱彊村的這首詞寫得實在感人，不愧爲近代名家。

蟋蟀專家賈似道

蟋蟀天性好鬥，孩子們便玩鬥蛐蛐了。用蟋蟀來鬥起於何時，雖然一下子說不準，但我想這最早是兒童遊戲。一些兒童大了，不再有此童心；一些由少年進入青年甚至成年，對此仍感興趣，這樣鬥蛐蛐就不只是兒童遊戲，而變爲青年人、成年人賭彩鬥勝的玩藝了。至少在唐、宋之後，已在民間十分普遍了。不論城鄉，無分南北，到了秋季，不少人都愛好這一遊戲，這樣專門著作也出來了。南宋著名的權佞宰相半閒堂主人賈似道就寫下了一本很有趣的小書——《促織經》，其中論蟋蟀優劣道：

> 白不如黑，黑不如赤，赤不如青麻頭。青項、金翅、金銀絲額，上也；黃麻頭，次也；紫金黑色，又其次也。其形以頭項肥，腳腿長，身背闊者為上。頂項緊，腳瘦腿薄者為上，蟲病有四：一仰頭，二捲鬚，三練牙，四踢腳，若犯其一，皆不可用。

這位宰相不愧爲一「蟋蟀專家」，他的文字十分簡潔，而論述卻很精到。後來談到蟋蟀優劣的標準，大體不出他這個範疇。如劉侗、于亦正合撰的《帝京景物略》說：「凡促織，青爲上，黃次之，赤次之，黑又次之，白爲下……首項肥，腿脛長，背身闊，上也。不及取次，反斯下也。」大體上和賈似道所論彷彿。

蟋蟀種類琳瑯滿目

以善鬥來作標準，對蟋蟀生長的地方也有所選擇。就是生於草中的，體軟；生於磚石間的，體剛。淺草叢泥土地上生長的，性情溫和。亂石堆、斷牆深洞中生長的，性情猛劣。各地都有出產好蟋蟀的地方。見於記載者，如《帝京景物略》所記北京永定門外五里之胡家村，《清嘉錄》所記吳縣橫塘楞枷山下各村莊，《廣東新語》所記東莞熊公鄉花溪、銀塘等地，都是出產名蟋蟀的地方。

外行人看上去，只不過一個小蟲，而內行人眼中，卻各有各的名稱。可以叫出名稱的有油利撻、蟹殼青、金琵琶、紅沙、青沙、紺色、棗核、土蜂、長翼、飛鈴、梅花翅、土狗、螳螂形、牙青、紅鈴、紫金翅、拖肚黃、狗蠅黃、錦蓑衣、金束帶、紅頭紫、烏頭、金翅、油紙燈、三段錦、月額頭、香獅子、蝴蝶形、黃白麻頭、竹節鬚等。眞可以說是佳名衆多，內行一看便識，外行則莫名其妙了。

鬥蛐蛐·聽蟈蟈

蟋蟀（下）

抓蟈蟈純是爲了聽其鳴聲。不過一般人童年時，有捉蟋蟀的舊夢，卻很少有捉蟈蟈的回憶。在江南及北方城市中，蟈蟈都是賣的。只有生長在北方農村中的孩子，才有在豆子地、高粱地裡捉蟈蟈的經歷。

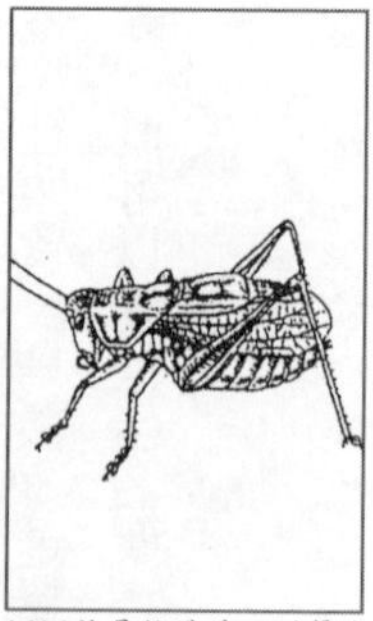

蟈蟈就是紡織娘，叫聲淒惻。

蟋蟀就是蛐蛐，一是捉，二是養，三是鬥。自然其間鬥傷還要治傷，有病還要治病。捉的方法南北各地大體都是一樣的，秋天七八月間，在亂磚石堆，斷牆殘壁雜草叢生處聽聲音，翻石搬磚拔草，蟋蟀突然躍出，如是兒童，連忙用小手去拍。如是專幹這個行當的大人，自有竹筒、過籠、銅鐵絲罩等工具。捉住之後，回來再養到蛐蛐罐中。

在北京兒童們餵養方法很簡單，剝兩粒新鮮毛豆放入罐中即可。如照《花鏡》所說，就考究多了。要用極小蚌殼盛點水放入裡面，然後每天以鰻魚肉、鱖魚肉、茭白、蘆根蟲、斷節蟲、扁擔蟲等餵養，如捉不到蟲，以熟栗子碎米飯餵養。牠的伙食有葷有素，都是高蛋白有營養的食物，說來是很考究的。吃得這樣考究，誰養得起呢？這就不是兒童的玩物了。

鬥蟋蟀，等同軍國大事

南宋賈似道是宰相，外兵打到城下，他尚在葛嶺半閒堂鬥蟋蟀，人稱他玩蟋蟀爲「平章軍國重事」。至於明、清兩代後，那一般遊手好閒、富貴家庭的紈袴子弟，甚至京師皇帝宮中，都以鬥蟋蟀博采賭輸贏了。北京過去鬥蟋蟀的秋樓出報條，紅紙大書「秋色可觀」，而《花鏡》中記杭州、南京等地則曰：「每至白露，開場者大書報條於市，某處秋興可觀。」《清嘉錄》講蘇州鬥蟋蟀亦謂之「秋興」。

曾見宋人畫苑無款《秋庭童戲圖》，畫著一群小孩圍著，有的蹲在地上，有的彎著腰探著身子，共同注視著蛐蛐罐，鬥得極爲有趣。這是孩子們鬥蟋蟀的情景，但同樣遊戲，一入市井，到了成人的圈子，便完全不同，成了各懷殺機的賭場了。

因鬥蟋蟀而傾家蕩產

《花鏡》記云：「開場大書報條於市，某處秋色可觀。此際不論貴賤，老幼咸集。初至鬥所，凡有持促織而往者，各納之於比籠，相其身等、色等，方盒而納乎官鬥處，兩家親認定己之促織，然後納銀作采，多寡隨便。更有旁賭者與臺丁，亦各出采。若促織勝，主勝；促織負，主負。勝者鼓翅長鳴，以報其主，即將小紅旗一面，插於比籠上，負者輸銀。其鬥也，亦有數般巧處。或鬥口，或鬥間。鬥口者勇也，鬥間者智也。鬥間者俄而鬥口，敵弱也。鬥口者俄而鬥間，敵強也。」

《清嘉錄》中還記蘇州鬥蟋蟀情況云：「大小相若、銖兩適均，然後開册（按即比籠分隔之栅欄門）。鬥時有執草引敵者，曰芡草（按即蟋蟀草，俗名蛐蛐探子，用來伸入籠或罐中撩撥蛐蛐，以招其怒）。兩造認色，或紅或綠，曰標頭。臺下觀者即以臺上之勝負爲輸贏，謂之貼標。鬥分籌碼，謂之花。花，假名也。以製錢一百二十文爲一花，一花至百花、千花不等，憑兩家議定，勝者得彩，不勝者輸金，無詞費也。」

按照顧鐵卿《清嘉錄》所記，「千花」即等於一百二十吊制錢，按當時錢價折算，便是一百二三十兩銀子了。這在當時不是小數目，可見蟲兒雖小，賭注卻是相當大的了。因而當時因鬥蟋蟀傾家蕩產者亦大有人在。至於《聊齋志異》中〈促織〉一篇所寫的故事，其悲慘命運則較一般輸錢蕩產者更爲嚴重得多。

蟈蟈擔子自北來

一樣以蟲鳴秋，蟋蟀鳴之外還要鬥，而以鬥爲主，而蟈蟈則純是爲了聽其鳴聲了。不過還有一個不同，即一般人童年時，都有捉蟋蟀的舊夢，卻很少有捉蟈蟈的回憶。在江南及北方城市中，蟈蟈都是賣的。只有生長在北方農村中的孩子，才有在豆子地、高粱地裡捉蟈蟈的經歷。因爲蟈蟈不像蟋蟀在亂磚亂石亂草叢中都生長，蟈蟈則大都是生長在田野中的。《清嘉錄》記云：「秋深籠養蟈蟈，俗呼爲『叫哥哥』，聽鳴聲以爲玩。藏懷中，或飼以丹砂，則過冬不僵。籠刳乾葫蘆爲之，金鑲玉蓋，雕刻精緻。蟲自北來，薰風乍拂已千筐百筥集於吳城矣。」

這「蟲自北來」，說得很淸楚，都是河北、山東等地的漢子，挑了上千隻蟈蟈籠子，一路上「呱呱……」地叫個不停，到各地去賣。這幾年個體經濟發展，在京滬等地，年年一到夏秋之際，集貿市場上，叫賣蟈蟈的擔子又多起來了。想來這也是世襲職業，最晚也是由明代開始，這種販子挑了蟈蟈籠子賣蟈蟈，少說也有四五百年歷史了。挑著上千籠蟈蟈，千里迢迢地販賣，眞不容易，縱然賺上點錢，也實在是夠辛苦的了。京滬樓居者，在小小陽臺上擺兩盆草花，買一小籠蟈蟈，掛在那裡，聽聽鳴聲，縱無豆棚瓜架，但閉目神遊，多少也有些田園風光了。

蟈蟈鳴聲淒惻

蟈蟈或寫作「聒聒兒」，正名則爲「絡緯」，又名「紡績娘」，屬昆蟲類、直翅門、螽斯科。雄的前翅，有微凸的發聲鏡，能鳴。所謂「淒聲徹夜，酸楚異常」，文人韻士聽之另有感慨。道光時吳江詞人郭鮚〈瑣寒窗・詠蟈蟈〉云：

> 絡緯啼殘，涼秋已到，豆棚瓜架。聲聲慢訴，似訴夜來寒乍。掛筠籠晚風一絲，水天兒女同閒話。算未應，輸與金盆蟋蟀，枕函清夜。
>
> 窗罅，見低椏。簇幾葉瓜華，露亭水榭。葫蘆樣小，若個探懷堪訝。笑蟲蟲自解呼名，物微不用添爾雅。便蛇醫分與丹砂，總露蟬同啞。

這首詞和〈蟋蟀〉篇中的那首詞比較，那一首是遺老口吻，感時傷逝。而這一首則是一般江南士子口氣，有家庭生活情趣，像一幅風俗畫，比較起來，我更喜歡這一篇。

兩篇各引一詞，可以作爲「蟋蟀、蟈蟈詞話」看了。

蝸牛

蝸牛的小天地

《古今注》考據說：「蝸牛，陵螺也。野人結圓舍如蝸牛，故曰蝸舍。」每個蝸牛都有一個殼，「一牛一間」，用不著住上下鋪，比人強多了。

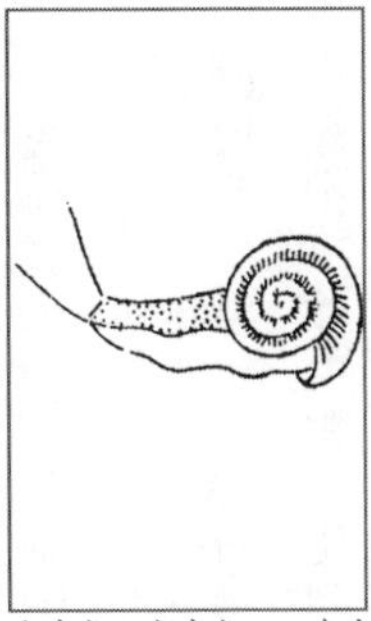

水牛兒，水牛兒——先出觭角後出頭兒。

當年吳雨生（宓）先生有兩句名詩道：「半生綺羅夢，細語鳥蟲驚。」人生天地間，有人也有蟲。住在高樓大廈中，高級豪華空調房間，考究的密封窗和衛生設備，隔絕了外面的世界，這樣自然沒有蒼蠅、蚊子等害蟲的滋擾，但也聽不到蟬唱、蛙鼓、促織唧唧……領略不到自然的情趣，和自然隔絕了。

人與蟲共存天地間

造化創造了人，又創造了蟲，人與蟲共同生存在天地間，用現代科學術語說，叫作「生態關係」。在各種生態關係中，有的是互相危害的，有的是互相依存的，有的是互不相干的……人爲萬物之靈，人與蟲之間，自然是不平衡的，害蟲於人有害，益蟲於人有益，人自然要保護益蟲，消滅害蟲，這是很合理的。但除此之外，在人與蟲互不干擾兩相遺忘時，則人與蟲便是平等的了。

萬物靜觀皆自得，面對昆蟲世界，或看、或聽，靜中得趣，神爲之奪，這樣或可暫時脫離人世，而神遊於昆蟲世界、返乎自然了。沈三白看螞蟻交戰，不覺神移，忽見龐然大物，排山倒海而來……視癩蛤蟆爲龐然大物，便是已進入這種境界了。魯迅名句：「白眼看鷄蟲」，爲什麼對「鷄蟲」加以白眼呢？還是「細語鳥蟲驚」來得好，對蟲亦可細訴平生了。能與蟲細訴平生的人，是懂得蟲趣的。這種我又回憶起春明童年之夢了。

童年觀察蝸牛記

在我懂了事的童年時代，我有幸過過兩個銅子買一個噴香滾燙的芝麻醬大燒餅的年代，也有幸租房住在一位清代末年做尚書高官的大院子中，那雜草叢生、老樹參天的大花園中，是昆蟲的世界，也是我的樂園。

雨後我愛看長滿青苔的牆基上爬行的小小蝸牛，背著牠那小而精巧的小屋——帶有羅旋花紋的殼，伸著兩個小小的角，慢慢爬行著，不知牠從何而來，也不知牠爲什麼爬，爬向何處而去，只覺得牠好玩，把牠拿下來，放在手掌心中，牠把角縮回去了；用兩個手指捏著牠那小殼，兩個小角還向外伸著，用手撥弄一下，軟軟的，便回縮一下，牠一點聲音也沒有，只是安靜地生活，安靜地爬，在秋冬之際，偶然在牆角，看到還有黏著的蝸牛殼，可是拿下一看，是空的，其肉體不知在什麼時候已經死去了，消失了。

動物學中講蝸牛：軟體動物腹足類，螺殼質脆薄、體柔軟，頭有觸角，長短各一對，長觸角頂端有眼，口在頭部下面，內有舌，舌上具細齒無數，名為曲舌，軀幹之一側有小孔一，內達肺臟，通呼吸，腹有扁平之腳，棲於陸上匐行時，必分泌黏液，以便體之移動，又必先伸出觸角，眼偵察四周而後行動。冬間伏樹下葉間冬眠。雌雄同體。自然萬物，其構成眞是神秘，小小的蝸牛，全體卻這樣複雜，能不使人驚歎！但手頭資料，對其繁殖，卻沒有說明，我也不知這小小蝸牛如何傳種接代，生育子孫。

有殼蝸牛比人強

爲住房發愁的人，羨慕每個蝸牛都有一個殼，「一牛一間」，用不著住上下鋪，比人強多了。窮人欣喜自己有個住處，便以「蝸居」稱之，或稱「蝸舍」。《古今注》考據說：「蝸牛，陵螺也。野人結圓舍如蝸牛，故曰蝸舍。」看來這原本也非謙虛之辭。在介紹非洲的刊物和電視上，看到非洲那種土人住的圓頂泥草屋，如垂直看，不也正是「蝸舍」嗎？我不知非洲人如何叫法。我想或許中國最古也曾出現過這種房舍。

《莊子》中有「蝸角」的故事：他說有個國家在蝸牛左角上，叫「觸氏」；有個在右角上，叫「蠻氏」，兩國爲了爭奪地盤，不停地在打仗。爲了這個故事，詞人們感慨多端，還留下了「蝸角虛名，蠅頭微利……」的名句。把可愛的小蟲扯到紛紜的人世上，太殺風景了。始作俑者，便是莊周，他只顧了自己的神奇想像、辛辣諷刺，全不管這小小的昆蟲多麼弱小善良可愛。還是北京兒歌唱的好：

水牛兒，水牛兒——先出觭角後出頭兒吠；你爹、你媽，給你買燒羊肉吃吠……」這才是蝸牛的讚歌呢！

北京蝸牛叫「水牛兒」

北京沒有水牛，蝸牛叫「水牛兒」，寫出來字一樣，但讀成「小妞兒」。

外國人讀中國書，如不瞭解深一些，就容易出現錯誤。「蝸牛」對兒童說來是可愛的，但對大人說，卻不大注意。因而文學作品中，寫蝸牛的名篇似乎不多。小時家中有樊樊山（樊增祥，清末民初著名詩人）寫的一個扇面，寫的是宋人陳後山的詩。中間一聯道：「壞牆著雨蝸成字，古寺無僧燕作家。」這詩我記得很熟，但始終感到它不是好詩，遠沒有天籟體的「先出犄角後出頭兒」好聽。兒歌不也是詩嗎？

另外，也不妨再抄一首專門詠蝸牛的詩。作者是大名鼎鼎的曹雪芹的先人曹寅，他有五首詠蟲詩，其中一首〈蝸牛〉道：

亦知生事拙，獨負一廛遊。螺女不相妒，哀駘無外求。
蘚花崖石古，瓜蔓井渠秋。大笑滄溟外，青紅漫結樓。

詩雖不是好詩，但也備蝸牛詩之一格了。遺憾的是：他把蝸牛這樣善良好玩的小蟲和蒼蠅、蚊子等並列，未免對不起蝸牛了。

螢火蟲的身世

螢火蟲

古代有螢是草根所化的說法。隋煬帝下江都，沿途讓老百姓捉螢火蟲，運河兩岸的螢被捉斷種了，「於今腐草無螢火，終古垂楊有暮鴉」。到了唐代，這裡爛草中螢火蟲也沒有了。只見草根，未見螢卵。

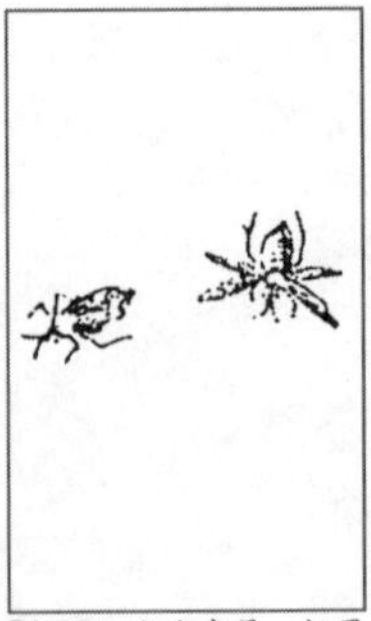

「銀燭秋光冷畫屏，輕羅小扇撲流螢。」

自從四十多年前離開蘇園，搬到宿舍房子中，後來長期住在宿舍樓房中，已經多少年沒有見過螢火蟲了。蘇園舊事那眞是飄零的夢境，記得每當夏夜乘涼時，四周黑黝黝的雜草叢中，飄浮著那閃著耀眼綠光的螢火蟲，是那樣神秘而輕盈，忽然而來，又忽然而去。

螢囊照明伴讀

螢火蟲是北京叫螢的俗名，牠飛得很輕很慢，飄忽不定，容易捉到，隨手一撈，牠便進入你的手掌心了。古人有囊螢讀書的故事，說是捉了不少螢火蟲，放在紗囊中，照著讀書，這個想來很美麗的故事，說說容易，做起來卻很難，而且現在用慣電燈的人，更難想像，所以魯迅對此故事曾說過很風趣的諷刺話。

其實這故事在古代或者是可能的，因爲古代的書字很大，沒有現在那種五號、六號鉛字的小字，晚間稍有亮光，便能照讀。所謂囊螢，大概捉個十七八個螢火蟲放在小囊中，便如一盞小油燈盞了。「青燈如豆憶兒時」，小油燈本來也只是晶瑩如豆的一點小青光，比幾個螢火蟲的光亮不了多少，所以有這樣的故事。

螢火蟲乃草根所化？

據動物學介紹：螢屬昆蟲類鞘翅科，尾端暗黃，有發光器。其發光器由多數細胞組成，細胞內有可燃物，遇支氣管輸入之氧即發光。產卵在水濱草根，卵微現磷光。幼蟲蛆秋冬伏土中，春夏之季飛出。中國一直有螢是草根所化的說法，李商隱詩「於今腐草無螢火，終古垂楊有暮鴉」，就是說隋煬帝下江都，沿途讓老百姓捉螢火蟲，運河兩岸的螢被捉斷種了，到了唐代，這裡爛草中螢火蟲也沒有了。只見草根，未見螢卵。

屈大均《廣東新語》記云：「螢之類初如蛹，腹下有火。數日能飛者，茅根所化，爲螢……身有火，色雜紅綠，以手觸之成粉，粉所著處生光，逾時不滅，其光生於鹹，鹹故作火光也。螢亦濕熱所化，腐草與陽氣相蒸，故生焉。」所記雖沒有現代動物、昆蟲書籍科學細緻，但大體也還是接近的。總之，牠是與草有關係的，與濕熱有關係的，與夏夜有關係的，白天又哪裡能看到螢火蟲呢？想來白天牠也是在飛行的吧，只是人們看不見罷了。

螢火蟲是益蟲，《花鏡》一書中寫得很好，文云：「螢火一名景天，一名熠耀，又名夜光。多腐草所化。初生如蛹，似蚊而腳短。翼厚，腹下有亮光，日暗夜明，群飛天半，猶若小星。生池塘邊者曰水螢，喜食蚊蟲。每捉一二十，置之小紗囊中，夜可代火，照耀讀書，名曰宵燭。小兒多以此爲戲。園中若有腐草，自能生之不絕，不煩主人力也。昔車武子家貧，夜讀書無燈，以練囊盛螢照讀。一種水螢，多居水中，故唐李卿有〈水螢賦〉，又隋煬帝狂遊，放螢火數斛，光明似月，亦好嬉之過也。」

輕羅小扇撲流螢

螢火蟲飄忽的時候，正是炎暑初退，新涼似水的夏末初秋之夜，因而「銀燭秋光冷畫屛，輕羅小扇撲流螢。天街夜色涼如水，臥看牽牛織女星」成爲千古絕唱。雖然重在結句，臥看雙星，凡離合悲歡之跡，不著毫端。而「流螢」卻也起了極重要的作用。

所說〈水螢賦〉，在螢爲主題的文學作品中，並非極著名者。而大名鼎鼎的初唐四傑之一駱賓王也寫過一篇〈螢賦〉，更爲著名。他將螢火蟲比作人，盛讚其美德和處世之道。讚美德云：

每寒潛而暑至，若知來而藏往。既發揮以外融，亦含光而內朗。

贊處世隨處流露光彩，不爲環境所拘云：

逝將歸而未返，忽欲去而中留，入槐榆而焰發，若改燧而環周，繞堂皇而影泛，疑秉燭以嬉遊。

他稱讚螢火蟲「光不周物，明足自資」，「處幽不昧，居照斯晦。」正象徵了人生有自知之明，不會因黑暗而迷失方向，在可能範圍內，也可衝破一點黑暗。但在光明到來之時，則不妨韜光自晦了。小題目，大文章，說得都很有意思，可惜他最後因反對武則天，被迫亡命，不知所終了。

蟬鳴與蛙聲

蟬與蛙交響樂團

知了之趣，在於夏日炎炎，高柳古槐，紗窗竹枕，午夢初迴；蛙鼓之趣，在於夜雨初過，新月窺人，涼意催夢，暑氣乍解，一覺黑甜。

以鳥鳴春，以蟲鳴秋。所說秋，實際上也只是夏末初秋，直到中秋，才是最活躍最動聽的時候。依次序是蛙聲、知了聲、蟋蟀聲……「黃梅時節家家雨，青草池塘處處蛙」，在江南一般過了端午節，不久即進入梅雨季，便可聽到蛙唱了。不過叫得最歡的，也還要到暑天雨後，滿天星斗夜幕下的池塘邊，一般馬路上是聽不大到的。而蟬則不同，高大的街樹法國梧桐葉底，也有蟬聲。但常爲嘈雜的市聲所掩，縱然聽見，也無情趣。這就使我回憶童年了，蟬也是縈繞著童年之夢的，牠是以嘹亮的鳴聲伴隨著人們的夢境。

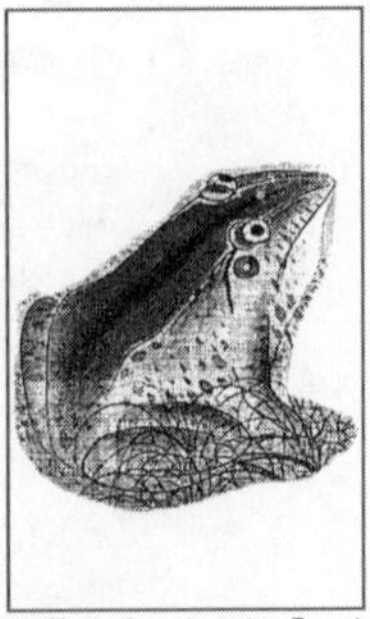

蛙聲噪耳，古人說「一池蛙唱抵半部鼓吹」。

蟬鳴聲千奇百怪

陳淏子《花鏡》中說：「鳴蟬，一名寒螿，夏曰蟪蛄，秋曰蜩，又楚謂之蜩，宋、衛謂之螗，陳、鄭謂之蜋蜩，又名腹育。雌者謂之疋，不善鳴。」一個小小的蟲兒，卻有這麼許多名稱，多麼有趣。如那位語言學家，把世界上幾十種甚至上百種蟬的名稱讀音，用答錄機錄下來，作成錄音帶再放出來，那千奇百怪的叫法，聽來不是洋洋大觀嗎，這肯定能成爲世界之「最」，可惜迄今尚無人這樣去作。

屈大均《廣東新語》中有記蟬一則寫得很是生動，文云：

> 羅浮東峰下有石洞。洞中楓樹千萬株。常有蜩蟬數百種，數里間鳴則齊鳴，止則齊止，無一參差繼續者，又有異鳥和之。聲若木魚以為節。黃冠云：昔白玉蟾真人於沖虛觀製〈雲璈〉八曲，有客，常令道童奏之。玄鶴唳空，山鳥相應，今樂器零落矣。聽此蟬聲，猶彷彿〈雲璈〉音節也。

將蟬鳴比之於道家仙樂，可見其動聽了。而所說「鳴則齊鳴，止則齊止」兩語，極爲傳神，正是從生活觀察中所體驗的。記得過去夏天在北京中山公園來今雨軒茶座上聽蟬是最好的。在烈日炎炎的下午二點鐘，在那裡找個茶座，往大籐椅上一靠，眯起眼來，你就聽吧，其時日影炎炎，槐影斑斑，不聞私語，但聽蟬聲，吵——吵——一股勁地向你襲來，音波像海潮，似乎要把你浮動起來。而夏日陰晴不定，突然黑雲捲來，飆風驟起，霹靂閃電，大雨傾盆……可是不大一會，雨止雲散，斜照映滿老槐樹上的綠葉水珠，晶瑩欲滴，一角斷虹，彎在端門金黃琉璃瓦簷角上的藍天上，這時，突然所有知了又齊聲歌唱了。說停就停，說唱就唱，那樣整齊，眞不知誰在那裡指揮。

現代兒童古法捕蟬

據說蟬有五德，即饑吸晨風，廉也；渴飲朝露，淸也；應時長鳴，信也；不爲雀啄，智也；首垂玄緌，禮也。而動物學中說蟬是以樹汁爲食的。不過生命期很短，只有二三星期，而卵在泥土中孵化幼蟲、成長爲成蟲的期限卻很長。

蟬名蜩，《莊子》有「痀僂承蜩」的故事，《花鏡》中也記道：「取者以膠竿首承焉，則驚飛可得。小兒多稱馬硎，取爲戲。以小籠盛之，掛於風簷或樹杪，使之朗吟高噪，庶不寂寞園林也。」《莊子》的故事和《花鏡》的記載都很妙，中間隔著兩千年，而一脈相承，兒童仍舊用古老的辦法捕捉這個善於鳴叫的蟲兒。還有更妙的呢，就是昨天的小孩、今天的小孩仍舊弄根長竹竿，用這古老的辦法捕捉牠，這多麼有趣呢。千百年來，人間萬事，不知發生過多少你死我活的變化，勝利的有權者自謂改變了一切，而孩子們卻仍舊用兩千多年前莊周所見的辦法捉知了，這種風俗中的小事，不是也很發人深思嗎？

「知了知春了」，這是一句很巧妙的試帖詩，陳淏子羅列的蟬的別名中，卻未將「知了」寫進去。其實現在「知了」是蟬最通俗的叫法。「知了」正寫作「蜘蟟」，北京當年樹多，童年所住京中房屋，後面都是樹，年年暑假，下午午夢初迴，聽著海潮般的蟬鳴，望著大方格糊著冷布的窗眏，外面那濃綠的槐影，高爽的藍天……這是特有的境界。

一池蛙唱，抵半部鼓吹

在尙書故宅的荒園中，到了夏夜，則又是一番境界了。這裡沒有池塘，但在暴雨過後，有了積水，那入夜後的蛙聲也是十分噪耳的。入夜聽著蛙聲入夢，或乘涼時，聽著四周黑黝黝的草叢中的蛙聲，都是很有情趣的，古人說一池蛙唱，抵得上半部鼓吹。這話是從生活中感受到的。而我的感覺中，蛙聲似乎比鼓吹更自然些，更富於天籟的美。

北京人把蛙鼓叫作「蛤蟆嘈坑」，是帶有貶意的語言。而在我的記憶中，這個「嘈」字似乎重一些，因爲蛙聲雖然很響，但也並不嘈雜討厭，原是很美的。「黃梅時節家家雨，青草池塘處處蛙」，這是詩人所讚賞的江南的蛙聲。在北京這樣的境界要推到六月末、七月初。總之蛙聲是很美的，不但抵得上鼓吹，而且勝過鼓吹，在一派蛙鼓聲中，你能很舒適地恬然入夢，在大鑼大鼓聲中，或在震耳欲聾的迪斯可強烈節奏中，你能很舒適地入夢嗎？自然不能，因此，詩人們讚美蛙聲了。

青蛙鳴叫，為公為私？

知了之趣，在於夏日炎炎，高柳古槐，紗窗竹枕，午夢初迴；蛙鼓之趣，在於夜雨初過，新月窺人，涼意催夢，暑氣乍解，一覺黑甜。總之，這都是田野百姓的趣味。如在權利富貴場中，就不同了。「西陸蟬聲唱，南冠客思深」，誤入勢利場中的書生，一朝入獄，一樣蟬唱，感受就不同了。晉惠帝聽到蛙聲，問大臣：爲公乎？爲私乎？這樣高深的問題，誰又能答覆得上呢？

人人一本蒼蠅經

蒼蠅（上）

宇宙大矣遠矣，凡人哪裡知道得許多，蒼蠅誰都看見過，人人有意見要說，各說各的。所以談宇宙般的大事沒有什麼問題，說到蒼蠅之微，往往要打起架來。

在富有而乾淨的地方，蒼蠅是極少見的。

半個多世紀前的著名小品文半月刊《人間世》的徵文啓事，說「宇宙之大，蒼蠅之微」，都是寫文章的好題目，當時撰寫小品文的知堂老人是此刊物的主要作者，他的照片曾刊在創刊號上。說是「老人」，其實還只是中年，正是發表〈五十自壽詩〉的年代。到了眞正老人的時代，卻又歷盡滄桑，淒涼地死去了。「宇宙之大，蒼蠅之微」，從個人的短暫而又似乎漫長的一生看，則又統統歸於無有了。

宇宙易講，蒼蠅難談

四十年前，知堂老人曾寫過一篇〈蒼蠅之微〉的小文，對以上二語表示看法道：「……不過由我看來，宇宙好講，蒼蠅卻實在不容易談。因爲老百姓所說聊天八隻腳地講起來，宇宙大矣遠矣，我們凡人哪裡知道得許多，當然是莫贊一辭，任他去講好了。若是蒼蠅呢，誰都看見過，你有意見要說，他也會有意見，各說各的。所以談宇宙般的大事沒有什麼問題，說到蒼蠅之微，往往要打起架來，這也實在是無可如何的事。而且蒼蠅之微，豈是容易知道之物，我們固然每年看見牠，所知道可不是還只是牠的尊姓大名而已麼。……不到人民生活提高，居處清潔，田野整理，人肥獸肥適宜處置，蒼蠅感覺有點不適生存的時候，關於蒼蠅所說的癥結還只是廢話，於事實絲毫無補的……」

這一段文章，除「宇宙」、「蒼蠅」而外，倒也說了一句實話，就是「廢話」。因爲文人的文章，不管「大品」也好，「小品」也好，老實來說，都是「於事實絲毫無補的」。因爲這既不是政治綱領、軍事命令，也不是太空梭設計書、太空望遠鏡等等，因而談宇宙也好，說蒼蠅也好，實際都是「管丈母娘叫大嫂子，沒有話找話」的廢話而已。讓文人的文章有補於事實，則豈非癡人說夢乎？而「於事實絲毫無補」的話不說，那豈不又斷了文人的文路。因此「宇宙之大，蒼蠅之微」的話，縱然是「廢」，也還是可以說說的，這倒不一定「變廢爲寶」。

蒼蠅不識相在我想來，蒼蠅畢竟比宇宙好談些，我是天生凡人，缺乏談神奇的功能，什麼宇宙天體，太遠太縹緲了，比較愛談的，還是生活中的一些瑣事。在積極方面，愛談一點生活中有情趣的事；在消極方面，想談一點減少人生痛苦的事，「黃蘗樹下面彈弦子，苦中作樂」嘛。因而蒼蠅之類的題目，原是最好的。

早上一扇窗開著，一扇窗關著，忽然飛進一個蒼蠅來，趕牠走，牠偏不走。不向開著的那扇窗飛，卻偏在關著的那扇窗上亂撞，上海人叫「不識相」，這個蒼蠅也眞是不識相，我順手拿起一張廢紙，在玻璃上輕輕一按，牠便粉身碎骨了。這是生活中極小的事，但物我之間，卻也有著殺機。從人來講，消滅一個蒼蠅，是講求衛生、消滅害蟲的應有行動，也是夏日生活的一點情趣吧。而從蒼蠅立場講，卻招來殺身之禍。如從佛家戒殺生的戒律講，那是大相違背的。因而眞的佛法，我也無法相信，至於假佛法，隨便進廟隨緣隨喜，那又是生活中添情趣的事，亦無不可也。

飯蒼蠅，蒼蠅飯

一個朋友，到天台山去遊覽，住在和尚廟裡，四周高山飛瀑，古木山花，風景絕佳，而到吃飯的時候，端上飯來，放在桌上，飯卻是黑的，開始愕然，繼而一碰，嗚聲嗡然，都飛走了，原來上面全是蒼蠅。問和尚，這樣蒼蠅全叮過的飯，還能吃嗎？和尚說：「這是飯蒼蠅，又不髒，爲什麼不能吃？」這位朋友便吃了，住了好多天，天天吃這樣的飯，果然沒有事。這個和尚的話說得還不夠有趣，據說過去有個和尚說：「那不要緊，你吃的時候牠會飛走的。」這就更妙了。不過也不一定，萬一遇到一兩個「不識相」的，不往別處飛，卻往你嘴巴裡飛，這在鄉下的生活中，不但不是沒有，而且也是常遇到的事。

文明與落後的指標

外國自然也是有蒼蠅的，最常見是電視上映出非洲災區災民的鏡頭，母親抱著骨瘦如柴的孩子，鏡頭推近，孩子臉部的特寫出來，大大的眼睛，小臉上爬著許多蒼蠅，看那小孩卻也沒有什麼反應，大概是習慣了。蒼蠅和貧乏、骯髒、腐爛、炎熱等是結了不解緣的。

在富有而乾淨、十分講衛生的地方，蒼蠅是極少見的。兩年前六月間在新加坡住了二十多天，住處、街道、公共場所，都沒見到蒼蠅，只有一次，逛完聖淘沙，在下面輪渡碼頭的大廳裡坐著等船，這個候船大廳，四周沒有門窗，在各個柱子四周放著白色長椅，供人休息候船，我在那裡向四周觀賞著，忽然一個蒼蠅飛來，停在我衣服上，我一揮手，牠又飛走了。忽然而來，飄然而去，這是我在新加坡見到的唯一的異國蒼蠅。不過我住的時間不長，想來其他地方可能還有吧。

蒼蠅與人類共舞

蒼蠅（下）

蠅樹是茶樹的清道夫，自己受蒼蠅污染，而讓茶樹保有清潔的生長環境。然而山下的茶園才需要種蠅樹，因為山上雲霧多，沒有蒼蠅。

各種蠅類，是傳染疾病的最大媒介。

蒼蠅是非常令人討厭的東西。宋歐陽修寫過一篇著名的〈憎蒼蠅賦〉，警句云：「引類呼朋，搖頭鼓翅……尋頭撲面，入袖穿裳，或集眉端，或沿眼眶。」真是討厭之極！

山中無蒼蠅

但在高山上，即使不十分富有但很乾淨的地方，也同樣沒有蒼蠅。我在黃山太平湖深處的山村裡，綠樹叢中的人家，都是黃泥牆，門窗洞開，無簾幕也無窗紗，但十分清潔，沒有蒼蠅，當時只感到這裡很宜人，卻未想到為什麼沒有蒼蠅，看明遺民屈大均《廣東新語》

「蠅樹」一則，才明白這個道理，這則筆記也很有趣，不妨引在下面，文云：

西樵多種茶，茶畦有蠅樹，葉細如豆，葉落畦上，則茶不生蟣，旱則蠅樹降水以滋茶，潦則蠅樹升水以熯茶，故茶恆無旱潦之患。又夏秋時，蠅皆集於蠅樹不集茶，故茶不生蟣而味芳好。蓋蠅樹者，茶之所賴以為潔者也。己受蠅污，而以潔與茶，為德於茶者也。然山下茶畦種之，山上則否。以山上雲霧多，不生蠅也。

「高山上雲霧多，不生蠅」，讀了這段筆記，我才想到黃山山村中沒有蒼蠅的道理，也想名茶「黃山雲霧」之清香。逐臭如蒼蠅者，自是不沾雲霧茶的。同時我也聯想到逛天台山、住在廟中吃「蒼蠅飯」的朋友，大概那個廟是在山下，如在山之高處，雲霧迷濛中，大概也就沒有「蒼蠅飯」或者「飯蒼蠅」可吃了。

蒼蠅怕黑暗，愛光明

晚唐段成式的《酉陽雜俎》是一部名著，國際上漢學家美國勞費爾、英國李約瑟都很重視這部書，有一則記蒼蠅的文字也很有趣，文云：

長安秋多蠅，成式嘗日讀《百家》五卷，頗為所擾，觸睫隱字，驅不能已。偶拂殺一焉，細視之，翼甚似蜩，冠甚似蜂。性察於腐，嗜於酒肉。按理首翼，其類有蒼者聲雄壯，負金者聲清聒，其聲在翼也。青者能敗物。巨者首如火，或曰大麻蠅，茅根所化也。

這段寫得很傳神的文字，有過蒼蠅困擾經驗的人，都有體會。記得年輕時，有一年夏天到鄉間親戚家去住了一些天，晚間沒有蚊子，睡得很好，而早上每天都是被蒼蠅舔眼部所驚醒，不知爲什麼，蒼蠅總愛在睡覺的人的眼上亂爬，可能是吃人的淚水、眼屎吧。蒼蠅、蚊子有一個明顯的大差別，就是蚊子怕光明、愛黑暗，這一點同臭蟲、蟑螂一樣。而蒼蠅則怕黑暗，愛光明，在鄉間睡覺，天一大亮，太陽升起，蒼蠅也來侵擾了。實際也到了該起床的時候了。

段成式不努力滅蠅，只是順手捉到一隻，才仔細觀察了蠅的形狀。而對蒼蠅、青蠅、金蠅等的聲音卻區分的很細緻。這和陸佃《埤雅》所說「青蠅亂色、蒼蠅亂聲」，以及陸佃注釋《說文》蠅字時所說的「蠅交其前足，有絞繩之狀」等等，都是古人對蒼蠅形體、動作、聲音的具體觀察記錄，比之現代科學的觀察和研究，那自然是原始得很。但在千多年之前，那自然還是有心人的記錄。

花鳥蟲魚誌 33

鮮紅色的洋虱子

虱子（上）

「新剃頭，打三光，不長虱子不長瘡！」小時候，每剃完頭，總要被愛撫弄我的長輩們拍打幾下。而隨口說的這兒歌似的諺語，就特別提到虱子，也並不覺得多麼難聽，甚至還有一點親切之感。

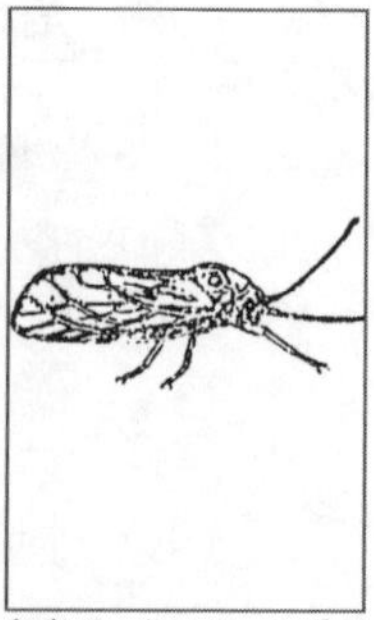
新剃頭，打三光，不長虱子不長瘡！

四十五年前，抗日戰爭勝利不久，那時我正在北京讀書，住在北大沙灘紅樓後面天字樓二樓一個小房間中，當時這是北京各大學中最好的宿舍，是三十年代蔣夢麟長校時爲畢業生造的，每人住一小間，大一些的九平方，小一些的六平方，每層樓一個盥洗室，可入廁、洗臉、洗澡，分「天地玄黃、宇宙洪荒」八個樓，遠望如海輪上的客艙。

這時重慶的抗戰人士尚未飛來，而美國的陸戰隊已來到北京。當時在校的學生不多，有些同學也很活躍，有人約了美國兵來舉行籃球友誼賽，因爲籃球場就在天字樓前，而我的房間就在樓梯口，因此同學們就和我商量，用我的房間作爲美軍籃球隊員的更衣室。

美國虱子驚魂記

我在外面等著看球，也沒有注意他們換衣的情況，等到看完球，他們又穿好衣服，大家熱鬧地把他們送走後，我回到房間，剛要躺在鋪上休息一下，忽然大吃一驚——啊，只見床單上爬著許多小蟲，仔細一看，原來都是虱子，而且都是紅色的。我看慣中國黑色虱子，看到這些美利堅合衆國的紅色大虱子，不免大吃一驚，怎麼辦呢？趕緊把床單、枕套弄到操場去抖乾淨，然後又浸在盆中準備去洗……爲了這美國籍的虱子，忙得我不亦樂乎。爲此留下極深刻的印象，常常對人說起。

後來昆明西南聯大的同學回來，有幾個熟同學，都是給美軍作過隨軍翻譯的，同美國大兵都很熟，他們聽我說起此事，都哈哈大笑，笑我孤陋寡聞，少見多怪。這樣自他們的口中，使我對美國虱子又有了新的認識。覺得中國人長虱子、美國人也長虱子，只不過他們的虱子是紅色的、大一些罷了。

懷念「洋虱子」

四十五年流水般地過去了，有幸在西子湖畔望湖賓館住了一夜，在餐廳中遇到一些外國人，其中有幾個是美國人，因而我回房躺在浴缸中胡思亂想，由《花鳥蟲魚誌》想到美國人的虱子，想起了以上這段舊事，不免有些感慨，不知道現在美國虱子怎麼了？住在望湖賓館那幾位美國人，是否身上也長虱子呢？

電影《紅高粱》，在美國得了奧斯卡金像獎，其中就有一個十分精彩的從破棉褲褲襠裡摸虱子，然後隨手扔在口中用牙齒狠咬的鏡頭，看不懂的人以爲是吃瓜子，其實這倒是符合「以眼還眼，以牙還牙」的戰鬥精神的。難爲導演能設計出這樣的鏡頭，眞可以說是神來之筆，其所以能得金像獎，大概這也是一個重要的因素，因爲美國人對虱子是並不陌生的。

「新剃頭，打三光，不長虱子不長瘡！」小時候，每剃完頭，總要被愛撫弄我的長輩們拍打幾下。而隨口說的這兒歌似的諺語，就特別提到虱子，也並不覺得多麼難聽，甚至還有一點親切之感。因爲牠的確是寄生在人體上的，靠吃人的血而生存，受到《紅高粱》電影中人物以牙還牙的切齒報復，原也是應該的，只是似乎還沒有臭蟲那樣的臭味，和蚊子那樣的在咬人之前亂哼哼……這樣也還有可取處，可以長在洋人身上了。但那鮮紅的「洋虱子」到底是可怕的，現在我印象還很深刻。

捫虱聊天的豪情

虱子（下）

「談當世之事，捫虱而言，旁若無人」，桓溫和王猛二人一邊摸虱子抓癢，一邊談，是一種談話入神、議論風生、大家不拘形跡的境界。

阮籍寫下千古傳誦的虱論。

《晉書》記載王猛見桓溫，「談當世之事，捫虱而言，旁若無人」。是十分有名的故事。桓溫是大野心家，官也大，有名的「男子不能流芳百世，亦當遺臭萬年」，便是他的名言，說得十分坦率，王猛當時是隱居華山的窮漢，桓溫以大將軍帶兵由江東北上打苻堅，王猛來見，縱談時局大事，那時還沒有空調房間和高級浴室，華山窮漢身上長虱子是在想像之中的，一邊摸虱子抓癢，一邊談，是一種談話入神、議論風生、大家不拘形跡的境界，原是很理想的談話形式。

鬍子裡藏虱子

有過這樣經驗的人想來不少，我本人就有過這種感受。在四十多年前，大學剛畢業，找不到飯碗，與一個同學流浪到大同古城去混飯吃，住同一房間，睡著熱炕，地上又燒著大爐子，晚間室外零下二十度，室內卻可達到攝氏二十五度。可以打赤膊擦洗身體，然後坐在炕上赤膊翻過內衣來一邊捉虱子，一邊窮聊，聽著外面呼呼的西北風聲，有渾然與世相忘的感覺。

想當年王猛與桓溫捫虱而談的豪情也不過如此。而桓溫和王猛二人不亢不卑的坦率氣度，則遠遠超過劉邦洗著腳接見高陽酒徒酈生的那種無禮狀態。由此又想到宋神宗與王安石談論朝政時，安石的鬚上有虱子在蠕動。神宗顧之而笑，安石卻行若無事。這中間虱子都是重要的媒介，如把「捫虱」換成爲舉著香檳，那就只剩虛僞的應酬，又哪裡能顯示胸襟和風度呢？

阮籍：褌襠裡的乾坤

「清談侶晉人足矣，濁酒以《漢書》下之」；「一種風流吾最愛，南朝人物晚唐詩」，兩晉人物的風流，常是讓千秋而下的人們艷稱不置的。而虱子也便成了重要組成角色。《晉書・阮籍傳》中有論虱名言：

獨不見群虱之處褌中？逃乎深縫，匿乎壞絮，自以為吉宅也。行不敢離縫際，動不敢出褌襠，自以為得繩墨也。然炎丘火流，焦邑滅都，群虱處於褌中而不能出也。君子之處域內，何異虱之處褌中乎？

阮籍是「竹林七賢」的大名人，這段論虱名言，千古傳誦，迄今仍有其值得思維的意義。

當然，不懂虱子，沒有長過虱子經驗的人是很難理解這「處褌中，逃乎深縫、匿乎壞絮」的道理的。也不懂欣賞「行不敢離縫際，動不敢出褌襠」的妙喻。不長虱子固然很衛生，但卻不能理解阮籍的妙文，這也不能不說是一個遺憾。

官員像虱子？

虱子從自然科學來講，牠是分好多種的。有衣虱、頭虱、毛虱、牛虱、狗虱等種類。除牛虱、狗虱寄生在牛、狗身上，吸牛、狗血以生存外，其他衣虱、頭虱、毛虱則都是人體上的寄生蟲，專門靠吸人血而生存。

漢樂府〈孤兒行〉中「頭多蟣虱，面目多塵土」所說的蟣虱，就是頭虱，專門寄生在又髒又長又亂的頭髮中，古人留滿頭長髮，清代人留一半長髮梳辮子，不常洗篦，也都容易長虱子。至於毛虱，那是專生在男女頭髮而外的多毛地帶，而最常見的則是衣虱，寄生在內衣各種縫縫中，爬出來咬人的身體，把人血吸飽之後，又躺在舒適的衣縫中去睡大覺，自然是很舒服，但被牠吸血的人卻並不舒服，遇到《紅高粱》電影中的那種人，順手一撈，一下捉住，扔入口中，以牙還牙，那便一命嗚呼了。不過這也要靠技術，不然，脫下衣裳翻都找不到。自然到了虱子多了不咬的境界，那也就人虱之間相安無事了。反正人身上總是有血，只要一口氣在，虱子是吸不乾血的。

據書上記載，衣虱體爲長橢圓形，長約一點五公分，略被短毛，色灰白，頭小，吻能伸縮，腹大而有節，吸血後，呈黑紅色，常潛藏衣縫間，繁殖力甚強，一雌產卵約六七十。白色小粒，密灑衣縫間，名蟣。《說文》蟣字下注「虱子也」。段玉裁注云：「虱，齧人蟲也。子，其卵也。」此蟲爲傷寒等熱病之傳染媒介。

虱子畢竟是小蟲，如果把牠的尊容放大，那是令人有相當恐怖感的。但牠吸人的血，總是與人爲害的。古人有「虱官」的說法，以「虱」喻官，未免對某些官有些不敬，但亦可以引以爲戒。《淮南子．說林》中說：「湯沐具而蟣虱相吊。」古人也懂得這個道理，只有講求衛生，經常洗頭、洗澡，虱子自然就沒有了。

千年王八萬年龜

烏龜

烏龜耐餓，負重，又長壽，這些生理上的優點，都是其他動物無法比擬的。自元、明、清以來，烏龜被蒙上很不好的名聲，迄今仍未予以澄清視聽，是很不公平的。

烏龜不幸，被人類拿來當辱罵之詞。

「女兒悲，嫁了個丈夫是烏龜。」快人快語，薛蟠體的詩，以法眼觀之，遠較其他人扭扭捏捏無病呻吟好得多；只是以法眼閱世的人太少，而以世眼閱世的人太多，所以薛大爺作不了詩人，處處被寶二爺所笑了。

二百多年前的人以烏龜罵人，今天的潑婦罵街，也還常用這一詞語，「死烏龜」、「活烏龜」、「半死不活的烏龜」，似乎上海灘特別時興這句話，罵起來也像「大珠小珠落玉盤」一樣，畢畢剝剝一大串，其實罵的人也許對龜兒並不十分瞭解。

烏龜不幸，不知何時蒙上了惡名，有人說是因明代賤人都戴綠帽子以資識別的關係，也有人說因爲烏龜常常把頭縮入殼中的關係，而陶宗儀《輟耕錄》就有「宅眷皆爲撐目兔，舍人總作縮頭龜」的詩，可見烏龜自元、明、清以來就蒙上很不好的名聲，迄今仍未予以澄清視聽，進行平反，是很不公平的。

耐饑、負重、長壽、受氣包

從動物學上講，龜也是蟲類，是爬蟲類。能游泳，又能行陸，而且耐得住饑渴，不吃不渴全沒有關係，「千年王八萬年龜」，照樣可以活得長壽。再則牠也有個硬殼，一天到晚背著殼行走，不愁日曬雨淋，也等於隨身帶著房子，而且大小都有，不用爲分房子而發愁。而且力大無窮，有人把四個小烏龜塾在床腳下，睡上幾年，毫無問題，這也是很難思議的。至於馱石碑，那更是烏龜的專業了。

耐得了饑，負得了重，受得了氣，而且又長壽……種種生理本能上的優點，都是其他動物無法比擬的。因而人們雖然給牠蒙以不光彩的惡名，而另一方面也十分讚賞牠。比如「龜兔競走」的故事，就是使烏龜十分露臉的。烏龜以自己的努力，堅持不懈，最後獲得了勝利，自是十分光榮。不少人小時學算術，都計算過龜兔競走的題目。連孩子們對牠都很感興趣，完全是善意的讚美。並沒有因牠另一種聲名而鄙視牠，這還是比較公平的。

《詩經》裡的吉祥物

使具有種種美德的烏龜蒙上恥辱的惡名，本是元、明、清以來理學對人們思想造成毒素後的產物，原本在古代是很尊重烏龜的。《詩經・大雅》云：「爰始爰謀，爰契我龜。」《詩經・小雅》云：「我龜既厭，不我告猶。」龜是古代「四靈」之一，原是三千年前的吉祥物，人們把命運寄託在烏龜身上，起碼在烏龜殼上的，燒上神火，由巫師捧著烏龜殼在火上燒灼，把祝願詞鐫刻，或用火燒在烏龜殼上，這便是重要的文獻，在某些原因，埋在土中三千來年之後，被人無意中掘出來，又被人認識了文字，這就是有名的「甲骨文」，「甲」即烏龜殼。《老殘遊記》作者劉鶚的著名學術著作就是《鐵雲藏龜》。沒有烏龜的犧牲和貢獻，殷商哪能有這樣輝煌的文獻，現代又哪能有這樣屬於人文學科的絕學——甲骨文研究。

烏龜身體構造奇特

烏龜有大如磨盤的，有小似金錢的，我不知牠們是否是從小長大的，或者是不屬於同一種類的。覺得牠們大小之間也很有趣，能相差那麼許多倍。而天地生人，人種儘管不同，而大小也差不了多少，縱然貴爲天子，同普通人在重量高低上也差不了多少。這一點上，比烏龜世界要公平得多。試想天地生人，如在膚色之外，在大小相差上再有三五十來倍的差別，眞有大人國、小人國之分，那外交和旅遊上的麻煩就要更多，許多技術上的問題，如房子的大小、車船的寬窄、道路的規格以及其他種種生活用品恐怕都要更加複雜化了。

烏龜殼大小雖不同，鱗片數量卻一樣，中間一行，脊甲五枚，兩旁肋甲各四枚，排列整齊，俗所謂「十三塊六角」是也，至今南方人仍忌此數，貨物定價可定十三元五角、七角，而絕不定爲十三元六角。又四周緣甲二十二枚，共計三十五片。腹部鱗十二枚。上下相合，四腳、頭、尾六個孔，自由舒展，天生這樣奇特。

為烏龜洗刷污名

中國人傳統愛龜，由殷商開始，漢魏及至唐代都是一樣的。《史記》中就有以小龜支床腿的記載，庾信〈小園賦〉「支床有龜」，可見烏龜千百年來，都熱心爲人服務。唐代名樂人李龜年，名詩人陸龜蒙，都起名爲龜，以龜爲榮。現在誰還有這種精神呢？

有朋友找我寫字送人。如送給日本朋友，我常常寫「龜壽」二字祝賀，日本朋友對烏龜還是有好感的。他們那裡的烏龜似乎還保存著中國唐代以前的榮譽，沒有惡名。而我們的烏龜卻如西子之蒙不潔，不免有所忌諱了。因而給中國朋友寫字，我就不敢寫「龜壽」二字，萬一遇到不懂的人如薛蟠者，豈不眞成了「女兒悲」乎？希望有一天「烏龜」在社會上得到平反，人們不再把「死烏龜」、「活烏龜」當作罵人的話，那就好了。

「蝠」者，「福」也！

蝙蝠

蝙蝠是處境很困難的動物，到鳥類裡面去，說牠是獸類，到獸類中去報到，又因為牠會飛，說牠是鳥類。鳥類、獸類都不要牠，也就是孔聖人說的「鳥獸不可與同群」了。

蝙蝠豆，生在雲南，花色淡黃，形狀似蝙蝠。

一位很善於刻圖章的朋友，應我的請求，給我刻了一方「蝠堂」的圖章，我很想用它來作個別號，倒也不是附庸風雅，或者祈求多福。因為「蝠」者「福」也。中國人是喜歡蝠的，「五蝠捧壽」的圖案畫，不是流傳了多少百年了嗎？還有「流雲百蝠」的圖案，也是十分美麗的。《紅樓夢》中說到蟬翼紗時就提到過，一片片的雲彩飄流著，中間又飛著數不清的一個個蝙蝠，是很好看的圖畫，第一個設計出這種圖畫的人是十分聰明的，理解最大多數人的心理，給人以最善良的祝願，而且有感情。

蝙蝠不可與鳥獸同群？

在這兩種圖案中，我喜歡「流雲百蝠」，而「五蝠捧壽」，五個蝙蝠的圖案組成一個圓圈，中間圍繞一個壽字，又是寫成圓形的篆文。我覺得過於呆板，好像又太嚴肅些，一看這個圖案，馬上會想起各式各樣的坐在太師椅上的老太爺來，我對他們並不歡喜。這都是以「蝠」協「福」的音，對此我雖不反對，但也並不頂禮祈求。簡單說，就是我刻個「蝠堂」的圖章，也並不是意在祈求多福。當然也希望免禍，禍福相依，在不能最大限度主宰自己命運的我輩庸人來說，都是渺茫的，全靠碰運氣。

我爲什麼叫「蝠堂」，或者說爲何起了這樣一個雅號，是因想起了蝙蝠的故事的緣故。

據說蝙蝠是一種處境很困難的動物，牠想找些同伴歸歸類，可是大家都不歡迎牠，到鳥類裡面去了，說牠是獸類，也不要牠。牠便到獸類中去報到，又因爲牠會飛，說牠是鳥類，獸類中也不收留牠，這樣牠便沒有去處了。只能算是鳥中的獸類，獸中的鳥類。而鳥類、獸類又都不要牠，也就是孔聖人說的「鳥獸不可與同群」了。

蝙蝠伏翼優雅飛翔

「黃昏到寺蝙蝠飛」，這是韓愈的名句，這種境界是幾次經歷過的。雖然像是最普通的白話，卻是那樣的淡，那樣的醇，那樣的感人。我雖然在暝色中看著蝙蝠飛來飛去，卻寫不出這樣的好詩，如果說「大樓窗外蝙蝠飛」——這哪裡又算詩？千古文章一大抄，可惜我笨得連抄也不會，只能自歎作不了詩人，戴不了桂花作的那頂冠兒了。所以雖想起個「蝠堂」的別號雅一番，而蝙蝠仍然幫不了我的忙，寫不出好的蝙蝠詩來。

據說蝙蝠又叫「伏翼」，又叫「飛鼠」，看來蝙蝠本身也是相當雅，起了別號的。不過第一個別號我喜歡，第二個似乎不大好。「伏翼」，縱然能飛，又何必學鵾鵬展翅，「翼」伏一伏，也是免禍藏拙之道，未爲不可。如果和老鼠一攀親家，鼠已可惡，再一會飛，那就更危險了，因而另一別號並無可賞之處。

蝙蝠是白天睡眠、晚間出來活動的動物。這一點稍感遺憾，好像不夠光明正大，其實光明正大與否，有時也並不因白天晚間而有所區別。蒼蠅在大太陽底下就叮臭肉，實際也不是好東西。蝙蝠卻能在「暝色入高樓」時，飛來飛去吃蚊蚋，其行爲對人類來說，卻是值得嘉獎的。而且也不像老鼠那樣，任何行爲都偷偷摸摸，蝙蝠在人面前，大大方方，十分敏捷地飛來飛去，韓愈黃昏來到古廟，便先看見蝙蝠飛來飛去，至於和尚和古畫，卻是後看到的，而且是「所見稀」的。可見其重視程度，以和尚之尊和古畫之古，全不在這位大學者的眼中了。蝙蝠又何幸運！和尚和古畫又何可憐！

鉤爪、翼手、倒懸

據說蝙蝠長著一對「鉤爪」，白天是鉤在其他物體上、倒懸著睡覺的。這個睡覺的姿態很特殊，我很遺憾，沒有親眼見過睡眠時的蝙蝠，不過這倒要有點眞功夫才行。一般的鳥獸恐怕都沒有這點本事。人類正研究仿生學，誰要能練會這點本事，那家中就可以不擺床，可以省不少地方，頂棚上弄些鉤子就可以了。可惜這是胡說，根本不可能。但是想想蝙蝠爲什麼就可能呢？眞是不可思議。

蝙蝠長得並不美麗，暗灰色的短毛，小小的頭，長開的兩個大得能飛的「翼手」。這是一個動物學的專名詞，牠不同於長著羽毛的翼，又不同於長著手指的手。這是哺乳動物翼手類的「翼手」，靠著牠可以輕盈地飛翔。五六年前第一次看到一位穿蝙蝠袖的姑娘，我露了怯，大為友人們傳笑。後來看慣了，覺著也很好玩，可惜著蝙蝠袖的姑娘們卻一個都飛不起來，眞是憾事。

長壽、深情，可製媚藥？

據屈大均《廣東新語》說，廣東岩洞中的蝙蝠，以乳石精汁爲養，夏間出食荔枝，冬則服氣，純白大如鳩鵲，頭上有冠，或千歲之物。其大如鶉而未白者，也已百歲。看來蝙蝠的確很好，不但多福，而且長壽。又說從化鼇頭嶺石穴中黃白蝙蝠，有大五六尺者。眞要這末大，那也很怕人了。又說肇慶七星岩，有五色蝙蝠，現在不知還有沒有。

至於說蝙蝠雌雄不捨，捕得其一，則一不去，因而可製媚藥。並有詩云：「羅浮蝙蝠紅，雙宿芭蕉葉；相與帶在身，媚郎兼媚妾。」所說不知眞假，或者蝙蝠袖、蝙蝠衫正是因此而成爲流行款式的。

念詩的鸚鵡

鸚鵡

「鸚鵡能言，不離飛鳥」，馴練鸚鵡說話的專家越來越少，會念詩的鸚鵡也就很難見到了。曹雪芹寫黛玉的鸚鵡會「長歎一聲」云云，自然是文人伎倆，不必當眞。

鸚鵡除了會說話之外，也是長壽的動物。

小時候很羨慕玩鳥的人，出於好奇心，覺得很好玩。山鄉陋巷，沒有什麼有閒的人，因此玩鳥的人也很少。唯一山鄉東西街口上，有一小雜貨鋪，賣些花生、蠶豆、石碱之類的東西，生意也不忙，掌櫃在賣貨之餘，沒有什麼其他事，鋪門口掛著兩個鳥籠子，是百靈鳥，即詩人們所謂雲雀。

我經常去他那個小鋪門口玩，看這籠中的鳥跳來跳去，吃鳥食缸中的水和小米，牠並不怎麼叫，只是跳來跳去地十分好玩，雖說牠長的也只是土黃色的羽毛，比麻雀大一些，也並不比麻雀漂亮多少，因而只看毛色也引不起我的興趣，只是跳的好玩，這樣小小的心理上，便產生了佔有慾，想跟他討一隻拿回家去玩玩，他便用種種玩笑話引逗我，要同我交換，自然他只不過是逗逗我，不肯眞給我的。實際我也不見得是眞要，也只不過是一時的佔有慾衝動而已，不過這卻是我第一次對玩鳥感到興趣。

訓練鳥玩小把戲

鄉間舊曆四五月間，飛來一種頭部有紅色羽毛或暗綠羽毛的鳥，狀如麻雀，略大些，鄉間人叫牠作靑、紅鳥兒，正式名稱或學名叫什麼，我也不知道。山鄉好事少年常常把網支在大樹下面，捕捉這種鳥。捉住可以養得很熟，飛出去一叫再飛回來，拿一個小盒子，盒中放些小米，牠會自己銜開蓋頭來吃小米。進一步還可馴養牠銜小旗、銜小花等等，作各種遊戲，不過這要花很長時間來飼養馴練。

有一次過廟會，一個很不差的戲班子來唱戲，主角是坤角，名「金剛鑽」，她帶了一個小徒弟，養著這樣一個小鳥，能很遠地把放在戲臺臺沿上的小紙花銜著飛過來，飛過去，每飛一趟，她張開手心，讓牠吃兩粒手心中的小米。我看她也不過十來歲的孩子，卻有此本領，這個小鳥這樣聽她的話，太偉大——不，那時還不懂這個詞兒。兒童是有好奇心、模仿性的，我雖然沒有立下雄心壯志向她學習，但心想也弄一個這樣鳥來玩玩多好呢？

養鳥比孝順親爹還周到

離戲臺不遠，有個大菜園子，井臺邊有兩棵大樹，一夥人正在那裡張網捕鳥，我在邊上看了半天，好不容易捉到一隻青雀兒，我花了六十枚銅元買了回來。鄉間鄰里很熱心，既然賣給我一個鳥兒，便替我找來一根枯樹枝，弄了一段細繩，在鳥頸上打一活套結，既勒不死鳥，鳥又逃不掉，這小傢伙便乖乖地立在這個枯枝上，被我架著牠回來了。我是牠的領主，牠便是我的奴子，或者說是我的玩物，或者說牠將是我孝順的對象——人們說眞正養鳥的人，孝順鳥的心理，比孝順親爹還周到——不過不管怎麼說，鳥兒總是失去自由了。鳥究竟是自由可貴呢，還是不愁吃、不愁喝被人豢養舒服呢？這都要問鳥，我是無法回答的。還是只說架著這個小鳥回家的我，剛走到大門口，正遇父親從裡面出來，喊了我一聲，我一嚇，手不自主地一鬆，那個斷命的鳥反應倒靈敏，呼一下便帶著那根枯枝飛走了……這是我立志玩鳥的一次慘敗，以後便再不想玩這玩藝了。

林黛玉的鸚鵡會念詩

舊時說，提籠架鳥是遊手好閒之徒幹的事，沒有看見過哪個大學教授托著個鳥籠子去上課，因而童年一過，對養鳥之類的事，也就更不大注意了。過去我曾寫過一篇談「大觀園中鳥兒」的文章，說到玉頂金豆，說到鸚鵡等等。這也都是看人家玩鳥和從書本上得來的一點材料，自己實際是沒有這方面的經驗和感性知識的。

《紅樓夢》中寫林黛玉的鸚鵡會念詩，這樣的鸚鵡咱們沒有見到過。「鸚鵡能言，不離飛鳥」，想想根據現代科學常識，鳥類學其他聲音鳴叫，是條件反射，並不是有思想意識的活動。過去北京萬牲園的八哥會叫「賣報」、「賣報」、「混蛋」、「混蛋」，遊人聽著牠罵「混蛋」、「混蛋」，反而哈哈大笑。而當時萬牲園中的白鸚鵡、綠鸚鵡卻不會罵「混蛋」，自然也不會吟詩。「含情欲訴宮中事，鸚鵡前頭不敢言。」這是唐詩的名句，大概唐朝宮中是有馴練鸚鵡的高手的，後來馴練鸚鵡說話的專家就越來越少了，會念詩的鸚鵡也就很難見到了。曹雪芹寫黛玉的鸚鵡會「長歎一聲」云云，也自然是文人伎倆，原不必當眞。

光緒皇后的寵物

五十年前北京中山公園養著一隻大紅鸚鵡，成天立在銅架上吃缸中的玉米粒。也不會說話，只「咕咕」地亂叫，李漁云鸚鵡所長只在羽毛，其聲則一無可取，信然。牌子上寫著說「鸚鵡綠爲常色，紅白爲貴，五色者出海外，恆不易得，本園五色鸚鵡，前清時豢養宮中，隆裕太后（按即光緒皇帝的妻子）矜賞備至……聞內廷舊人云：此鳥來自南洋，居淸宮三四十年，園居二十餘年，其出生至少在六十年以上云。」

可見鸚鵡的壽命還不算短，羽毛也眞好看，而且很聽話，天天站在架上，也不想飛走，似乎天生就是願意給人當玩物的。這個大紅五色鸚鵡死了，有好事遺老還給牠在陶然亭修了一座墳。有人曾有詞記這鸚鵡云：「翠柏參天，高槐夾道，舊是宸遊經處。移宮換羽，剩解說前朝畫簷鸚鵡。脈脈斜陽，背人西下悄無語。」

這後兩句說的倒是很形象的，在我的印象中，的確如此。主要也因爲夏天到公園坐茶座，大都是在太陽西斜之後，這鸚鵡總是掛在樹蔭下，斜照中，紅牆邊……自然形成這種詞的意境了。

五色鸚鵡通番漢二語？

人們一般養的鸚鵡，大都是綠色、淡藍色的多，因有花紋，俗名「虎皮鸚鵡」，這都是人工繁殖的。花鳥商店有賣，並沒有多大意思。屈大均《廣東新語》說：五色鸚鵡來自海舶，飼以綠豆、白粳，欲其多語，飼以香蕉，五色者能兼番漢二語。看來五色鸚鵡可以培養來作翻譯，粳米雖然定量供應，香蕉價錢也不便宜，但是總比養大活人便宜，而且易於管理，培養一些兼通番、漢二語的鸚鵡，看來是大有必要的。只是不知能找得這樣的鳥教習否？看來還是困難不少的。

麻雀雖小，寧死不屈

燕子．麻雀

麻雀稍大，被人捉住，那也就無法養了。因爲牠絕不張口吃你餵牠的任何東西，牠那樣仇視你，雖不知牠爲誰效忠，但你感到你無能，一點點的麻雀你也無可奈何牠，一切偉大尊嚴在小麻雀面前都塌臺了。

燕子是不用辦護照的國際旅者。

大約三十年前，有一年夏天，到浦東農村去參加三夏勞動，雖然睡地鋪，條件差些，可是房樑上一窩燕子，十分可愛，隨著人們的作息，飛出飛進。這是我來到上海第一次看到久別的燕子，感到分外歡喜。可是同行的一些人好像無動於衷，也許因爲他們從來沒有見過燕子，所以表現得有些漠然吧。上海郊區，可能現在還有有燕子的地方，只是市區沒有，樓房蓋的再高、再考究也沒有用。什麼希爾頓、新錦江高級賓館也招不來燕子，因爲這既非王謝堂前，也非尋常百姓家裡，牠當然不會來了。

燕子是國際旅遊者，據說歐洲的燕子可以南飛到非洲好望角，中國燕子一般也南飛到爪哇、蘇門答臘一帶，至於是不是到澳大利亞，那就看牠們的高興，人們也很難知道了。「燕子來時新社，桃花節後清明」，牠們來去很方便，用不著申請護照，辦理簽證。說來就來了，說走就走了，只有像上海這樣的地方，牠們不肯光顧。還沒有聽說過誰宣布燕子爲不受歡迎的鳥，限牠二十四小時之內離境。

燕燕于飛，象徵愛侶

我很愛燕子，在夏天雨後，在夕照中，牠飛來飛去，一掠而過，捕捉蚊子，我喜歡站在大門口，看著陋巷中飛來飛去忙碌的燕子，十分有趣。後來到了北京，夏天在北海漪瀾堂喝茶吃點心。座位緊貼水邊欄杆，大藍布遮陽一片片擋住了西曬的太陽，那小燕在水面上，在這一片片大藍布遮陽中間飛來飛去，這眞是畫棟雕樑，珠簾繡戶，衣香鬢影，紫燕穿梭，一派昇平富貴氣象，與山鄉陋巷、斜照頹垣間的燕子又不可同日而語了。

燕子年年來舊地築巢，來孵一窩小燕子，五十五年前上初中，第一天第一課國文，講的就是「樑上有雙燕，翩翩雄與雌……」一篇很有意思的詩。「燕燕于飛」，中國人一直把燕子作爲祝福愛侶的象徵，自然，這只是祝福，而不少愛侶也許後來遠遠不如燕子幸福。豈可人而不如鳥乎？而事實上常常是人不如鳥的。

燕子是小鳥，麻雀也是小鳥。如果說燕子是國際旅派者，那麻雀只能是土生土長的土著了。燕子不來上海，而麻雀卻很多，到處都有。我原來多少年住在一處空氣污染最最嚴重的地方，這是貨眞價實的「最最」，一點虛頭也沒有。空氣這樣污染嚴重的地方，燕子自然不來，而麻雀卻仍然很多。當某些工廠半夜裡放臭氣、放黑煙，把你從夢中熏醒來、喉頭像火燒火烤時。而用不了三五個鐘頭，晨光一露，窗外麻雀便叫起來了。叫的那樣歡，那樣動聽，可見牠的生命力多麼頑強，又多麼樸實，一切都不在乎！

人們說，以鳥鳴春，春天的鳥很多，可是「深山聞杜鵑」，高級鳥總是在高級環境中出現的，縱使鳥鳴的春天，一般人所聽到的也還是麻雀的叫聲多，唧唧喳喳，也十分歡樂。

紅布衫與黃嘴叉

「武大郎玩夜貓子——什麼人玩什麼鳥」這是北京的一句歇後語。即低級人只配玩低級鳥，醜八怪只配玩夜貓子——即貓頭鷹也。我小時玩鳥也玩不來，只能玩小麻雀。可是掏雀兒也不容易，要爬到屋檐頭，伸手到鳥窠中把小麻雀捉出來，而且又很難養。麻雀最初孵出來，很可憐，不像小鷄、小鴨，一出蛋殼就毛茸茸地很好玩。

小麻雀剛孵出，身上是沒有毛的，鮮紅的肉，一點點小傢伙，卻有生命，這樣的小麻雀，俗名「穿紅布衫的」，一離開牠那深暖的窠和老麻雀的懷抱，是很難養活的，只有死路一條了。不長毛的小麻雀稍長兩天，嘴的兩旁，各有一條鮮黃的線，俗名「黃嘴叉」，被捉住後，就比較好養了。一來牠不像那不長一根羽毛的赤膊雀兒難以餵活，二來牠又肯吃東西，不像大麻雀不肯張嘴，寧願餓死，也不吃嗟來之食。可是我從來沒有捉住過這樣「黃嘴叉」的小麻雀。麻雀稍大，被人捉住，那也就無法養了。因爲牠絕不張口吃你餵牠的任何東西，牠那樣仇視你，雖不知牠爲誰效忠，但你感到你無能，一點點的麻雀你也無可奈何牠，一切偉大尊嚴在小麻雀面前都塌臺了。

大老鷹不如小麻雀？

我不知道人們讚賞老鷹，看不起麻雀是什麼心理，或者是人類本性中十分殘酷的一面所促使的罷。這中間不免也有十分滑稽的史實，宋徽宗趙佶，是以畫鷹出名的，畫過不少蒼松老鷹，現在還有不少人學他，據說是叫「英雄獨立」的聲音。可是這位多才多藝的皇帝——道君教主，最後卻當了俘虜，淒涼地在五國城青衣行酒，寂寞地死去了。貴爲天子，畫了半輩子鷹，卻也掌握不住自己的命運。還不如一個小麻雀呢！

小麻雀群居而歡樂，又各自唱自己的歌，並不一天到晚想打仗，但卻又有個性，不受人利用……種種美德，都使我很歡喜牠。小時到處掏麻雀窩，對不住牠的一些同類，只好請牠們原諒了。

小金魚之樂

金魚

古城的春之氣息，魚販曼長美妙的叫賣聲，小金魚、小蝌蚪的活潑生機，加以我的童年稚氣，構成一片極怡情的境界，給我以無限情趣和美感，使我永遠懷念。

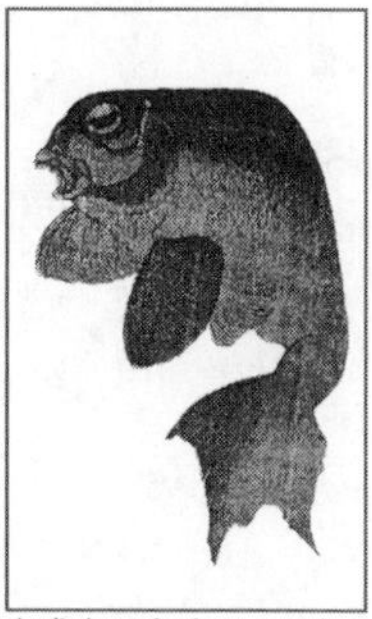

觀賞魚之樂的人，心中也感到無比的快樂。

從小生長在偏僻北方山鄉，那裡是個水源不多的地方，只有井水、泉水、河水。那河中的水流勢湍急，而且夾帶泥沙。水枯時，只有丈把寬；而山洪下來時，卻又有一里多寬的濁流，這種水裡魚無法生存，因而雖然有河卻是無魚的了。而井水則在我們那個山中得天獨厚，打井深一丈五尺左右，就可見水，而且水質很好，是甜水，所以一般人家院子中、菜園子中都有井，但井裡也不生長魚。

只有夏天，北山腳下泉水前寬不盈丈的小水塘中，可以捉到二三寸長的泥鰍，這就是偏僻的山鄉中所產的唯一的魚了，可是多麼寒傖可憐呢！臘月裡人家買過年祭神用的凍魚，那都是黃河鯉魚，從遠道販運來的。那魚周身全是透明的冰，捧在手中，滑溜溜的，可以仔細看牠的鱗片、眼睛，全在冰中，看上去似乎包在玻璃外殼中一樣，十分好玩。關於魚的知識，童年的我，只有這些。

金魚勾起童年回憶

三十年代初，隨家人到了北京，住在打磨廠一家古老的旅店中，因係暫住，自然也不用上學，只是跑出跑進地玩，時正舊曆三月末，一天聽得客店外面叫賣聲：「哎——大金魚兒、小金魚兒哎——」

市聲柔軟而曼長，抑揚有致，比唱歌還好聽。我當時是一個初到京城的鄉下孩子，也不知是作什麼的，只覺得好聽，便跑到店門口去看熱鬧，只見店門口歇著一個挑子，一個漢子立其旁，已有二三兒童圍著觀看。我過去一看，這挑子一頭一個不大的竹簍，放著三五個大小不一的玻璃金魚缸。另一頭是個有雙樑的淺木盆，直徑約一尺五寸，高不過四五寸，中間格成四格，三格中水中游動著小金魚，一格比一格大一些。另一格是黑黝黝的小蝌蚪，很多。

小尾亂轉，十分好玩。這是我第一次看到美麗的金魚，留下了極深的印象。

使我常常回憶起，說來也不只是小金魚本身，而更為神思的是那種情調境界：古城的春之氣息，曼長美妙的叫賣聲、小金魚、小蝌蚪的活潑生機，加以我的童年的稚氣，這四者構成一片極怡情的境界，給我以無限情趣和美感，使我永遠懷念。因而我常常想起陸放翁的兩句詩：「小樓一夜聽春雨，深巷明朝賣杏花。」也是表現了一種境界，作者自己的綜合深切感受，以傳神之筆寫下的詩句，又感染了千古的讀者。作為境界的感受是刹那的，而作為藝術的結晶卻是永恆的。

三十年前，一位作大官夫人的表姊帶了孩子長期住在上海的某家高級賓館中，快過舊曆年時，我帶著女兒去看望她，我想送點什麼呢？忽然想她的小孩很好玩，便去城隍廟買了一個小玻璃魚缸，裝了三四尾小金魚，冒著雪去送給她的小女兒，實際也是送給她。果然她們都很喜歡，大家說笑了半天，情景和這幾尾活潑潑的小金魚是融在一起的。「鴻飛那復計東西」，事過之後，誰還記得，而我思念中，卻還記憶著小金魚。

實際我自己並未買過小金魚精心飼養，據說姜太公釣魚不用魚鉤，說是「志不在魚」，其實我感到的小金魚之樂，其樂也不在小金魚本身。

中山公園賞金魚

北京中山公園有名貴的金魚，養在大瓦缸中，供人歡賞。這種大魚缸都是瓦陶的，口大底小，邊上起鼓釘花紋，不太深，放在六隻腳的大木架子上，缸外都長有綠色青苔。一排排地有幾十缸，每缸品種都不同。最普通的是龍睛魚，就是大大的眼睛，長長的飄灑的大尾巴，短而肥胖的身體，其色彩又有紅、藍、紫及花等多種。還有什麼蛋鳳魚、絨球魚、紅頭魚、虎頭魚、紅帽魚、蛤蟆頭魚、望天魚、翻鰓魚、珍珠魚等等。不少愛好觀魚的人，常常在這缸邊轉來轉去，觀賞魚之樂，大概他們心中也很樂。

我在青少年時期，公園是常去的，對於這些名貴的魚，卻很少注意，因此也沒有留下什麼觀魚之樂的深刻印象，只知這些魚很好看，看過一次兩次就算了。很名貴，很值錢，反正也買不起，或者根本也無買牠的慾望。這些魚並未像小金魚那樣給我留下美麗的回憶。迄今我仍思念小金魚。

觀魚、釣魚與吃魚

魚之樂

魚之樂，在某種程度上講，人類主宰著一切，也就是人之樂。魚一吞餌，便要上鉤，成爲俎上之物，原是殺機四伏的事，對魚來說，又何樂之有？

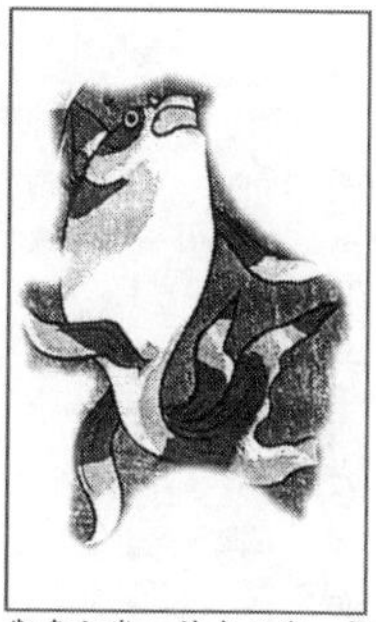

觀魚之樂、釣魚之樂，都不如吃魚之樂的樂。

有人很愛釣魚，備有魚竿、魚鉤、魚標等一套工具，而且還有很考究的進口貨。講究這一套，然後選擇風和日麗的日子到水邊去垂釣，一種完全是爲了娛樂，一種則目的在於釣到魚，或是自己吃，或是牟利。杜甫的詩「老妻畫紙爲棋局，稚子敲針作釣鉤」，說明詩人家中也有人釣魚。想來不管目的何在，釣魚本身一定是悠閒享樂的事。

人說性急的人釣不來魚，我雖然不是性急的人，可是也不會釣魚，也不知釣魚之樂。我很羨慕釣魚的人，但迄今還沒有想去學釣魚的意思。說到「魚之樂」，釣魚只是釣魚人之樂，魚一吞餌，便要上鉤，成爲俎上之物，原是殺機四伏的事，對魚來說，又何樂之有？

觀魚、釣魚，不如吃魚

但人總有道理，吃魚還要找出理由來。李漁《閒情偶寄》說：「覺魚之供人刀俎，似較他物爲稍宜，何也？水族難竭而易繁，胎生卵生之物，少則一母數子，多亦數十子而止矣。魚之爲種也似粟，千斯倉而萬斯箱，皆於一腹焉寄之……故漁人之取魚蝦，與樵人之伐草木，皆取所當取，伐所不得不伐者也。我輩食魚蝦之罪，較食他物爲稍輕。」這就是李笠翁以菩薩心腸吃魚的高論。

魚之樂，在某種程度上講，人類主宰著一切，也就是人之樂。莊子和惠施的辯論「子非魚，安知魚之樂」，以及「子非我，安知我不知魚之樂」，實際上是莊子的詭辯，他只不過是自己觀魚、賞魚之樂，又何嘗眞知魚之樂。佛教徒有買魚放生的善願，當從漁人那裡把網中魚買來，捧著又放回江湖中去時，魚一入水，一甩魚尾，潑剌一聲，眼看著牠游入水深處不見了，那才叫樂呢？那是逃脫了險境之樂，逃得了性命之樂，不能主宰自己命運、經過七災八難而活過來的人們，是懂得這種樂趣的。

「魚我所欲也，熊掌亦我所欲也，二者不可得兼，捨魚而取熊掌也。」對於我這個俗人來說：除去童年小金魚之夢的喜悅外，其他觀魚之樂、釣魚之樂，都不如吃魚之樂的樂。熊掌我談不到「欲」，因爲它是什麼味道，我根本不知道，不能比孟老夫子，他老人家見過梁惠王，參加過國宴，因此一打比喻，就是熊掌和魚，實際還是脫離群衆的話。《詩經》上說「唯魴與鱮」，從《詩經》和《孟子》的記載，知道中國先民吃魚的歷史是很早的，研究得也是很深的。李漁《閒情偶寄》說的很簡明扼要，他說：

> 食魚者首重在鮮，次則及肥，肥而且鮮，魚之能事畢矣。然二美雖兼，又有所重在一者，如鱘、如鯚、如鯽、如鯉，皆以鮮勝者也。鮮宜清煮作湯；如鯿、如白、如鰣、如鰱，皆以肥勝者也，肥宜厚烹作膾。烹煮之法，全在火候得宜，先期而食者肉生，生則不鬆；過期而食者肉死，死則無味。遲客之家，他饌或可先設以待。魚則必須活養，候客至旋烹。魚之至味在鮮，而鮮之至味又只在初熟離釜之片刻……

唐朝法律，禁食鯉魚

所論吃魚貴在鮮、肥、活，這是抓住吃魚的要點。不過所列魚種，各地所好也並不一樣。如「鯉魚」，只是在河南一帶講究吃黃河鯉魚，在江浙一帶則不大吃鯉魚。有一次我經過菜場時，買了一條，拿回家中，大爲家人所笑，說是不能吃的，結果送給了鄰居。爲什麼不吃鯉魚，或曰因爲鯉魚跳龍門，鯉魚是敬神的魚，人不能吃。或曰因爲鯉魚的肉有泥土氣味不好，所以不吃。後來看段成式《酉陽雜俎》，才明白了原因。他記云：「鯉、脊中鱗一道，每鱗有小黑點，大小皆三十六鱗。國朝律，取得鯉魚即宜放，仍不得吃，號赤鯶公，賣者杖六十，言鯉爲李也。」原來不吃鯉魚，還是唐朝的法律，老百姓自覺遵守，已經成爲風俗習慣了。不過段成式所說的鯉，或許是指烏鯉，即黑魚，與黃河鯉是不同的鯉類。

金魚排隊，紅白分明

陳淏子《花鏡》中〈鬥魚〉條記云：鬥魚又叫文魚，出產地是福建三山溪中，長二三寸，花身紅尾，又叫丁斑魚。生性十分歡喜鬥。人們養在魚缸中，大家互相作鬥魚的遊戲。還有人寫過〈鬥魚賦〉。在明代有人弄了幾十條鬥魚，到北京奉獻給太監，太監看了大喜，此人因此得了很高的官。看了《花鏡》的介紹，不禁想起另外一則筆記，就是《清稗類鈔》所記「金魚排隊」，文云：「有畜金魚者，分紅白二種，貯於一缸以紅白二旗引之。先搖紅旗，則紅者隨旗往來游溯，疾轉疾隨，緩轉緩隨。旗收則魚皆潛伏。白亦如之。再以二旗並豎，則紅白錯繞旋轉，前後間雜，有如走陣者然。久之，以二旗分爲二處，則紅者隨紅旗而仍歸紅隊，白者隨白旗而仍歸白隊，是曰『金魚排隊』。」這種遊戲能令金魚聽指揮，以紅、白旗發命令，分隊游曳，想來也是十分好玩的，可惜沒有看見過。

小魚吃蝦米。小魚被大魚。

古代的種魚術

養魚術

人工養魚，可追溯到春秋時代。《吳越春秋》言，范蠡向越王建議開池養魚。《史記》中有「山東多魚鹽」的記載，說管仲相齊時，興魚鹽之利，齊因而富強。

「竭澤而魚，而明年無魚。」古人觀念先進。

現在人們養金魚、熱帶魚的還很多；而且近年人們又大面積開池塘養殖食用魚，有淡水魚，也有海水魚，如果把魚用與人的關係來分類，大約分爲下列三種即可：一是食用魚，二是觀賞魚，三是自然魚。食用魚又分河魚、海魚；另又分餵養和野生。即人工餵養後捕撈的和直接從江河湖海中捕撈的。另外河海中自然生長的魚，而又不能爲人所食用的；或者大海中數不清的人們無法捕撈的魚。這些用我的分類法，就算作第三類「自然魚」吧。我爲了說「種魚術」和餵養金魚，先自己主觀地把魚分類。自然這種分類是不科學的，只爲了行文便利而已。

所說「種魚術」，是中國古代人工養魚的別名。人工養魚，又可分兩種，一種是養食用魚，一種是養觀賞魚。中國養魚史，養食用魚要早於養觀賞魚一兩千年。可是晚近談養觀賞魚的文獻較多，談養食用魚的文獻較少，或者說更爲專門，一般人注意不到。至於現代科學中的養魚專業，那更是一種專門的學科，不是外行人可以隨便亂說的了。

范蠡建議開池養魚

人工養魚，最早可以追溯到春秋時代。《吳越春秋》記云：

越王既棲會稽，范蠡等曰：臣竊見會稽之山，有魚池上下二處。水中有三江四瀆之流，九溪六谷之廣，上池宜於君王，下池宜於民臣，畜魚三年，其利可以至千萬，越國當富盈。

《吳越春秋》雖然是漢趙曄的作品，近小說家言，但所言范蠡向越王建議開魚池養魚的事，卻是有幾分可信的。《史記》中「水居千石魚陂」一句，唐人張守節《史記正義》注曰：「言陂澤養魚，一歲收得千擔魚賣也。」這句正可以證明《吳越春秋》中的故事之可靠性。《史記・貨殖列傳》中也有「山東多魚鹽」的記載，而且記載管仲相齊，興魚鹽之利，齊以富強的情況。這中間想來既有捕撈自然魚，也有人工開池養魚的可能。而且在捕撈自然魚當中，也十分注意到保護自然資源，這中間已存在了「人工養魚」的作用。

保護魚源，不竭澤而魚

《淮南子》、《呂氏春秋》中都有保護魚苗的記載：《呂氏春秋》說：「竭澤而漁，豈不得魚，而明年無魚。」《淮南子》中寫的更爲生動。敘述一故事道：「季子治亶父三年而巫馬期衣短褐，易容貌，往觀化也，見夜漁者釋之。巫馬期問焉，曰：『子所爲漁者，欲得也，今得而釋之，何也？』漁者對曰：『季子不欲人取小魚也。所得者小魚，是以釋之。』」這都說明當時爲政者已注意到教民如何保護魚資源。

仔細思考人類懂得養魚的過程，大概不外幾個步驟：一是盲目捕撈自然魚；二是在捕撈中注意到魚的種種生長情況，注意研究其規律；三是根據經驗和認識，注意到留魚種（不能竭澤而漁）以及捕大留小的重要性；四才是掌握了魚的生長規律，排卵情況，把懷卵的魚捉來，放入人工池塘中，這就完全是人工養魚的種魚術了。當然這些原始的辦法，比之於現代的科學養魚，那是落後得多，但在兩千年前的古代，不能不說是十分先進的了。

漢魏時代的養魚經

世傳范蠡隱居於陶，自稱「陶朱公」，在太湖一帶經營工商業，所謂「三致千金」。是歷史上早期發家致富的能人，《齊民要術》中引用他的《養魚經》云：

夫治生之法有五，水畜第一，水畜所謂魚池也。以六畝地為池，池中作九洲，求懷子鯉魚長三尺者二十頭，牡鯉長三尺者四頭。以二月上庚日納池中，令水無聲，魚必生。至四月內，一神守。六月內，二神守。八月內，三神守。神守者，鼈也。所以納鼈者，魚滿三百六十，則蛟龍為之長，而將魚飛去，納鼈則魚不復去，在池中周繞九洲無窮，自謂江湖也。至來年二月，得鯉魚長一尺者一萬五千枚，三尺者四萬五千枚，二尺者萬枚。至明年，得長一尺者十萬枚，長二尺者五萬枚，長三尺者五萬枚，長四尺者四萬枚。留長二尺者千枚作種，所餘皆貨，候至明年，不可勝計也。池中有九洲八谷，谷上立水二尺，又谷中立水六尺，所以養鯉者，鯉不相食，易長又貴也。

這雖然不一定眞是范蠡所著，但起碼是漢魏以來流傳的養魚法。因爲《齊民要術》是後魏賈思勰所撰，以鯉爲主，是中原河南一帶的養魚法。鯉魚三尺，還是漢尺標準，不過合現在市尺二尺。「一神守」、「二神守」的說法，是道家的語言。另外還說「三尺大鯉」不易找，取湖澤大魚生長處之泥鋪入池中，因其泥中已有魚子，得水即可生出小魚，想法都符合科學原理。

人工養魚，唐、宋之後，那就更爲普遍，魚種青魚、草魚、花鰱、白鰱、鯿魚、鯽魚、白魚、鯉魚、鱔魚等等，無一不備，這些都可在池塘中產卵放養。野生的固多，人工養的也不少。至於鰣魚、河蟹等，則因排卵、迴游等緣故，過去不能人工養，現在據聞河蟹也可人工養了。將來可能大量供應，不過目前好像還不普遍。

飼養觀賞魚，自宋開始

人工養食用魚之外，再一種就是養觀賞魚。所謂觀賞魚就是金魚，或者叫龍睛魚。而另一種現代的觀賞魚——熱帶魚，在中國古代是沒有的。

金魚或者龍睛魚，這全是人工養的，甚至是人工配種孵化的。是鯽魚或鯉魚的變種。比較明確的歷史是宋代方見諸文獻。趙翼在《陔餘叢考》中引戴埴《鼠璞》記載說：蘇東坡讀蘇子美六和塔詩，對「沿橋待金鯽，竟日獨留連」二句，不知如何解釋。後來到杭州作官，才知道六和塔後面廟裡有金色的鯽魚。《鼠璞》書中接著又說：現在南渡以後，杭州王公貴人的私人園林很多，池中都有金鯽魚，全是用人工方法豢養的。並引岳珂《程史》云：「都中豢魚能變魚，以金鯽爲上，鯉次之。貴遊多鑿石爲池養之。飼以小紅蟲，初白如銀，頂漸黃，久而金矣。又別有雪質而黑章，的皪若漆曰玳瑁者，尤可觀。」所說飼以小紅蟲，就是京、滬兩地養金魚的人所說的「魚蟲」。

前兩年在北京家中，見對門鄰居父子三人，都以撈賣魚蟲爲業，家中院子裡幾口大缸，天天到郊外撈魚蟲出賣，很快成了萬元戶，好不氣派。小小的魚蟲對照著多少個大大的萬元戶，這中間說明什麼呢？就是養金魚的人多了，都要買魚蟲餵魚，所以賣魚蟲者也可發點財了。

飼養金魚，自宋開始，至明清以後，十分普遍，講求此道之人甚多，其技藝亦越來越精，清初陳淏子《花鏡》一書，主要談養花，但後面也附有〈養金魚〉一篇，說得很詳細，一開頭道：

> 魚之名色極廣，園池唯以金魚為尚，青魚、白魚次之。獨鯉魚、鯽魚善能變化顏色，而金鯽更耐久可觀。前古無缸畜養，至宋始有缸畜之者。今多為人養玩，而魚亦自成一種，直號金魚矣……有名金魚，人皆貴重之。

從其所記可知，金魚最早是鯽魚、鯉魚的變種，而後來金魚單獨成一種魚了。而且一般金魚都養在缸中，不養在池沼中。他說：「唯石城以賣魚爲業者，多畜之池內，以廣其生息。」石城是南京城，陳淏子別號「西湖花隱翁」，終老西泠，曾遊歷白下，是明末清初人。有民族氣節，是以授徒爲業、種花藝竹的老書生。因而可能沒有到過北京，所以沒有提到北京以養金魚爲業的人。劉侗《帝京景物略・金魚池》記云：「金故有魚藻池，舊志云：池上有殿，榜以『瑤池』。殿之址，今不可尋。池泓然也，居人界而塘之，柳垂覆之，歲種金魚爲業。」北京金魚池直到現在還有這個地名，今天種金魚爲業的人可能更多了。

據說養金魚池中孵魚苗，在池中養大，顏色不鮮，必須缸養。缸要底尖口大，用現在科學觀點來分析，這樣的缸貯水，水面大，接觸氣氣多。在新缸未蓄水時，要用生芋頭擦過，注水後易生苔、水活，夏秋暑熱，隔日一換水。

金魚種類繁多

關於魚種的變化，《帝京景物略》說：「有蝦種者，銀目、金目、雙環、四尾之屬。」但並未說明如何配種，《花鏡》說的則較爲具體好玩，其文云：

> 俟季春跌子時，取大雄蝦數隻蓋之，則所生之子皆三五尾。但蝦鉗須去其半，則魚不傷。視雄魚沒缸趕咬，即雌魚生子之候也。跌子草上，取草映日看，有子如粟米大，色亮如

水晶者，即將此草另放於淺瓦盆內，止容三五指水，置微有樹蔭處曬之，不見日不生，若遇烈日亦不生。二三日後便出，不可與大魚同處，恐為所食。子出後，即用熟雞鴨子黃撚細飼之。旬日後，隨取河渠穢水內所生小紅蟲飼之。但紅蟲必須清水漾過，不可著多，至百餘日後，黑者漸變花白，次漸純白。若初變淡黃，次變純紅矣。其中花色，任其所變。魚以三尾五尾、脊無鱗而有金管、銀管者為貴。

他後面說到金魚的名稱道：「種種之不一，總隨人意命名者也。」在《帝京景物略》中所列名稱有：金、銀、瑇瑁、鶴珠、銀鞍、七星、八卦、銀目、金目、雙環、四尾等，品種還比較簡單。而在《花鏡》中則列有「金盔、金鞍、錦被、印紅頭、裏頭紅、連鰓紅、首尾紅、鶴頂紅、六鱗紅、玉帶圍、點絳唇、八卦、骰子點、黑眼、雪眼、朱眼、紫眼、瑪瑙眼、琥珀眼、四紅……十二紅、十二白、堆金砌玉、落花流水、隔斷紅塵、蓮臺八瓣」等數十種之多。

養魚法隨節氣調整

舊時北京中山公園金魚也十分出名，品種有二十餘種之多。北方天寒，每年小雪前後魚缸移入室內，至驚蟄後移出戶外。移到戶外後，便要餵養魚蟲，每天上午給食，數量吃到下午六時爲止。每日添換新水十分之一二，暑時添換十分之三四，大暑夜間也要換水，中午要加蓋葦簾，穀雨前將紅根閘草放入盆內，魚即生子。生子後將閘草取出，放入另盆淨水內。四五日後化成魚形。餵一種最小的魚蟲叫「水灰蟲」，用白布包熟鷄蛋黃放入水中，魚可吸蛋黃漿。十四五日後餵名叫「小蜘蛛」的魚蟲。一個月後即可餵一般魚蟲，即「倉蟲」。幼魚盆水不可常換。夏季水深一尺二三寸，春秋冬水深以八九寸最好。冬天移入室內，室溫在二十二度最好。

杭州玉泉、花港觀魚等處池中，是金紅鯽魚、鯉魚，長可一二尺，那不是金睛魚。再者，金睛魚在缸中也容易生病，如魚瘦生白點，俗名「魚虱」，水中放些楓樹皮，或白楊樹皮即可防治。其他還有各種預防魚病的方法，就不多說了。

金魚在動物學中，屬喉鰾類鯉科，是中國的珍貴特產，由宋代開始，經歷了大約九百多年的人工選育和人工餵養，培育出品種衆多的美麗的觀賞魚，而且品種還在不斷增加。牠的遠祖是鯽魚，但牠們比其遠祖那不知漂亮多少倍了。

蠅虎特技團

弄蟲蟻（上）

「蠅虎」跳舞、「烏龜」疊塔、「蛤蟆」說法……用什麼東西來餵養牠們，並不困難。難在如何訓練牠們按著鼓聲擺陣勢，這才是眞正的絕技。

烏龜聽鼓聲由大到小疊起，叫「烏龜疊塔」。

讀《夢粱錄》、《武林舊事》諸書，所記南宋杭州各瓦子雜耍項目，有「弄蟲蟻」一科，說明中國古代有專門以耍蟲爲技藝的藝人。但該兩書中，未詳細記載如何耍，如何馴養，如何訓練蟲蟻，使之聽人指揮。而前人筆記中有些資料，前於此的，有唐人段成式的《酉陽雜俎》，他在〈詭習〉中記了一則故事說：

蠅虎隨鼓聲列隊

有一位山人王固見襄州長官于頔，于見王動作遲緩，沒有什麼特殊的本領，不大重視。

過了些天，于宴請賓客，沒有請王固，王感到很不愉快。便去訪問于的屬吏判官曾叔政，曾很有禮貌地接待了他。王固便對曾叔政說：「我以爲于頔長官愛好奇特的技能，所以老遠地來到這裡，現在沒有見到長官，實在遺憾。我會一種絕藝，從古以來都沒有過，現在即將回去了，感激先生的熱情款待，爲您表現一下吧。」說完，懷中取出一截竹筒和一面小鼓，不過幾寸長。一會兒，拔去竹筒塞頭，折個小竹枝連敲小鼓。筒中有幾十個蠅虎子，分兩行出來，列爲兩隊，如對陣勢。每擊小鼓，三個五個蠅虎子隨著鼓聲改變隊伍，整整齊齊，中軸佇列，兩翼隊形的變化，樣樣都全。或進或退，命令嚴整，連人也比不上，眞是神奇。隊伍變化了幾十種樣子，才結束了表演，那些蠅虎子，又整整齊齊列隊走回竹筒中。

曾判官看完山人王固的表演，大吃一驚。隨後稟告了長官于頔。于聽了十分悔恨前幾天怠慢了他，就派人去找他，可是這位神秘的山人早已不知去向了。

蠅虎表演皇家舞蹈

以上就是唐代「弄蟲蟻」故事的記載。這不是神話，所說「蠅虎子」，也是一種既特殊又很普通的小蟲。按「蠅虎」亦名「蠅狐」，屬蜘蛛科。灰色或白色，腳短，但極爲敏捷，不結網，捕殺蠅類昆蟲爲食物，對人類來說，「蠅虎子」是益蟲。在鄉間也能常常見到，但並不多。捉幾十隻蠅虎子也不是件容易事。用什麼來餵養，大概是捉蒼蠅來餵蠅虎了。而難在如何訓練牠們服從命令聽指揮，按著鼓聲擺陣勢，這眞是了不起的絕技，是很難想像的。但根據生物工程原理來說，還是辦得到的。因此雖然有點神奇，卻不能說是神話。

另外王士禎《池北偶談》引唐蘇鶚《杜陽雜編》中說：

唐穆宗（或云憲宗）朝，飛龍士韓志和，本倭國人，於御前出一桐木盒，方數寸，中以丹砂養蠅虎子，其形盡赤，分為五隊，令舞〈梁州〉。上召國樂以舉其曲，蠅虎盤迴宛轉，無不中節。每遇致辭處，則隱隱如蠅聲。曲終，累累而退，若有尊卑等級者然。

照此所記，還可以配上音樂，表演皇家舞蹈。一樣是蠅虎子，技藝更高了。分爲五隊，這且不談，同段成式所記差不多，而段未記這些蠅虎子吃什麼，這裡說吃丹砂。這也很難理解。丹砂即朱砂，是礦物，可入藥，是道家提倡的。成分是硫化汞，可提煉水銀，以之餵小蟲，小蟲能活多久？以科學常理思之，似乎不大可能。再有這表演者原本是日本人，當時唐代和日本交往很多，日本術士浮海而來的不少，這種技藝是由日本傳來，還是由中國傳去，頗値得史家去考證一番。

在唐人的兩種著作中，都記了蠅虎遊戲的故事，或者同出一源，或者二事爲一，但更顯示其眞實性。

烏龜疊塔、蛤蟆說法

宋周密《癸辛雜識》記云：「余垂髫時，隨先君之故都，嘗見戲事數端，有可喜者，自後則不復有之，姑書於此以資談柄云：吳水嬉者以髹（黑）漆大斛滿貯水，以小銅鑼爲節，凡龜、鼈、鰍魚，皆以名呼之，即浮水面，戴戲具而舞，舞罷即沉。別復呼其他，次第呈技焉。」

《武林舊事》也是周密寫的，其所記魚戲，也屬於所說「弄蟲蟻」的一種。這和現在水族館海獅作遊戲一樣，是屬於水中鱗介類的訓練，這恐怕比訓練海獅難得多。試想，讓泥鰍聽指揮，這如何辦得到呢？

周密是南宋人，經歷了宋朝亡國，到了元初，他還活著，所記都是回憶南宋舊事。而「弄蟲蟻」的技藝，到了元代仍然流傳，元人陶宗儀《輟耕錄》中，也有記載。故事是這樣的：他居住在杭州的時候，看見過一個弄蟲蟻的藝人。養著七個小烏龜，一個比一個大一些，最小的只是個小金錢龜。表演時，把龜放在桌子上，敲鼓來指揮，聽了鼓聲，最大的那個龜先爬行到桌中央伏定，然後其他龜隨著鼓聲，依大小次序慢慢爬過去，一個爬伏在一個的背上。

直到第七個最小的那個爬上第六個背上時，卻翹後腳直立起來，而且把尾巴也翹起來，下大上小，一層層像一座小塔一樣，這個遊戲的名堂叫作「烏龜疊塔」。

又一種是養著九隻蛤蟆，表演時，先放一方凳在當中，然後放蛤蟆。中間最大一隻先跳在中央，然後八個分作兩排，面對面在大蛤蟆前排成兩列，大的叫一聲，小的也齊聲叫一聲；大的連叫幾聲，小的也連叫幾聲。接著小的到大的前面，一邊點頭一邊叫，好像是在行禮告別一樣，這樣依次退下。這個遊戲名堂叫作「蛤蟆說法」。

會教書的蛤蟆

弄蟲蟻（下）

螞蟻本性就是屬於群體的、能互相打仗的，只是如何指揮牠，使之服從人的指揮，想來在餵養之外，理解其本性，能順其本性利用之，是最爲重要的。

訓練蛤蟆教書的祕法，早已失傳。

《水滸傳》中，稱老虎爲「大蟲」，據說這俗語是因避唐先世的諱而改稱年代久遠而形成的語詞。另外北京人稱蛇爲「長蟲」。這卻有些近似，因爲蛇是爬蟲類，牠的字形原只一半，是象形字，後又加一「蟲」字偏旁，區別於「魚」字旁，「犬」字旁，說牠是蟲，叫作「長蟲」，那是十分確切的。由於蛇也叫蟲，那麼耍蛇也可以算入「弄蟲蟻」的範疇，這是很常見的。《聊齋志異》中所寫大青、小青的故事，篇幅不長，可是十分傳神，把蛇寫得極富人情味，我小時極愛看這篇故事。前兩年去新加坡，遊覽聖淘沙，看見兩位馬來人在玩兩條碗口粗的斑爛的眼鏡王蛇，十分嚇人。他把蛇繞在脖子上，手臂上，還介紹給觀眾，讓觀眾也繞在脖子上拍照片，繞一次兩元錢，也眞有人敢繞。這也可以照北京說法叫「長蟲」，只是這個蟲太大了。

蛤蟆教書、螞蟻交戰

「弄蟲蟻」的技藝，在明代也還流傳在民間，沈德符《野獲編》有一則記云：

古來唯弄猢猻為最巧，猶以與人類近也。至鳥銜字、雀銜錢、犬踏橇、羊鳴鼓、龜造塔，已為可怪。若宋時熊翻筋斗、驢舞〈柘枝〉而極矣。今又有畜蛤蟆念佛者，立一巨者於前，人念佛一聲，則亦咯咯一聲，如擊木魚，以次傳下殆遍，人起佛號如前，蛤蟆又應聲凡數十度，臨起，又令叩頭而散，此亦人所時見者。又聞大父云：有鬻技者藏二色蟻於竹筒者，傾出鳴鼓，則趨出各成行列，再鼓之，則群鬥交戰，良久，鳴金一聲，各退歸本陣，魚貫收之，此更古來所未有矣。

所記螞蟻交戰之事，眞是宋人「弄蟲蟻」的技藝表演。

這種遊戲情況，在淸代袁子才的《子不語》中記載的還要詳細，他說他小時候住在杭州葵巷，見一個乞丐，背著一個布袋、兩個竹筒，袋裡面放著九個蛤蟆；竹筒裡放著紅白兩種螞蟻近千個。到了店鋪裡，表演時就放在櫃檯上，表演後只要三個錢即離去，也不多要。表演的節目有二種，一叫「蛤蟆教書」，所記同陶宗儀《輟耕錄》之「蛤蟆說法」差不多，只是大的在中間，小的環坐一圈，寂靜無聲。乞丐喝一聲說「教書」，大蛤蟆先叫「閣閣」，一群小蛤蟆也跟著閣閣地叫起來。乞丐說停，馬上便不叫了。二叫「螞蟻擺陣」，用紅白兩面小旗，先把兩個竹筒中螞蟻倒出來，紅螞蟻、白螞蟻在櫃檯上亂跑。乞丐用紅旗一揮說「歸隊」，紅螞蟻立刻排成一行。又用白旗一揮說「歸隊」，白螞蟻也立刻排成一行。接著用紅白旗互扇，叫「開仗穿陣」，紅白蟻便穿雜而行，但是不亂，左轉右轉，都聽指揮。這樣穿行幾圈，然後以竹筒接著，紅蟻白蟻便蠕動著慢慢各自回到各自竹筒中去了。

「弄蟲蟻」的訣竅失傳

袁子才所記「蛤蟆教書」，同陶宗儀所記「蛤蟆說法」一樣，所記「螞蟻擺陣」則和沈德符《野獲編》所說一樣，可見自元到清代乾、嘉之際，三四百年間，這「弄蟲蟻」的技藝一直是在民間流傳著的。這是很特殊的技藝，而且是乞丐玩的把戲，不登大雅之堂的玩藝，但卻是絕技。袁子才在《子不語》所記此條最後說：「蛤蟆、螻蟻至微至蠢之蟲，不知如何教法！」他所說螞蟻至微，倒是實情，說「蠢」，卻是大成問題的，因爲在昆蟲學中，螞蟻同蜜蜂一樣，是具有很高本能的昆蟲。說蛤蟆「蠢」，恐怕也是相對的，袁子才也是想當然，他想來也說不清蛤蟆蠢在哪裡？而這個「如何教法」的確讓人難以想像。想來一定是有竅門的，但這種把戲一般人看不到，而這種技藝的秘密自然更弄不清，現在想來早已失傳了。因而想到，民間的各種絕技，失傳的太多了。

現在科學發達，各種昆蟲試驗室中，可以餵養各種昆蟲，甚至培養細菌，肉眼看不到，只能在顯微鏡下，甚至高倍顯微鏡下觀察。但這只是爲研究牠、認識牠，作科學試驗，並非爲了遊戲。昆蟲學家如要訓練螞蟻布陣打仗，想來定有辦法。因爲螞蟻本性就是屬於群體的、能互相打仗的，只是如何指揮牠，使之服從人的指揮，想來在餵養之外，理解其本性，能順其本性利用之，是最爲重要的。如作「八股文」，最後亦可作結論曰：此不亦可作牧民者之戒乎？

草木蟲魚文獻

草木蟲魚知識庫

「草木蟲魚」可作植物學、動物學、昆蟲學讀，也可作美學、藝術學來讀。把草木蟲魚的博物知識與人事中的美麗形象聯繫在一起，就是綜合的文化藝術。

草木蟲魚蘊含豐富的知識，不可小覷。

細思人類草木蟲魚的學問，第一是實用方面的，第二是認識方面的，第三是藝術情趣方面的。實用方面是爲了生活生存的需要，人能於草本植物中分出穀物和草；於木本中分出可食者與不可食者等等，這是實用方面的。在草中、木中、蟲中，又能分出不同種類，好的、可利用的，不好的，有害的，其細微形狀、特性，生長情況等等，這是認識方面的。

懂得看花的光芒色彩，聽鳥聲、蟲聲，思大樹之年齡，感草色之芬芳，凡此等等，這又藝術情趣方面的。只《詩經》一書，此三者已具備矣。孔子說：

小子何莫學夫詩，詩可以興，可以觀，可以群，可以怨，邇之事父，遠之事君。多識於鳥獸草木之名！

清道光時劉寶楠《論語正義》是一部通達的解經書，關於這段話，有幾句道：「《說文》：鳥，長尾禽總名也。《爾雅．釋鳥》云：二足而羽謂之禽，四足而毛謂之獸。鳥獸草木，所以貴多識者，人飲食之宜，醫藥之備，必當識別，匪可妄施。故知其名，然後能知其形，知其性。《爾雅》於蟲魚草木，皆專篇釋之。而《神農本草》，亦詳言其性之所宜用。可知博物之學，儒者所甚重矣。」

看來韓愈「《爾雅》注蟲魚，定非磊落人」的思想，上不足以比孔子，下又不足以比劉寶楠之通達，可見古人所說之「通」，是十分不易的。懂得草木鳥獸蟲魚之爲知識的重要意義，孔子已作了初步的說明，劉寶楠又闡明其正義。

《詩經》是一部博物志

事實上這門學問在孔子時代已殊足以代表華夏文化之輝煌了。試看一部《詩經》，已詳細地記錄了草木鳥獸蟲魚的名稱，《禮記》的〈月令〉篇，又詳細記錄了草木鳥獸蟲魚的生態，進行了保持自然界生態平衡的宣傳教育，「孟春之月……犧牲毋用牡，禁止伐木，毋覆巢，毋殺孩蟲胎、夭飛鳥……」直到今天，不是還宣傳「愛鳥月」活動嗎？在《楚辭》中，那所記奇花異草的名稱就更多了。

所以，先秦典籍，經學家可以把它看成是弘揚聖道的根據；史學家則把它看成是歷史的記錄，所謂「六經皆史也」；而文學家又把它看成是文學作品，現代文學家們特別注意《詩經》的愛情故事，「關關雎鳩」，不就引起了「君子好逑」之興嗎？顧影自憐的詩人們，想著那「窈窕淑女」，難免就飄飄然了。

而說到「草木蟲魚」，我們又不妨把這些經典當作「博物志」讀，當作植物學、動物學、昆蟲學讀，也未爲不可。而且不只此也，還可當作美學、藝術學來讀。比如說：「手如柔荑，膚如凝脂，領如蝤蠐，齒如瓠犀，螓首蛾眉，巧笑倩合，美目盼兮。」這就不只是只告訴了我們一些草名、蟲名，什麼「柔荑」、「蝤蠐」等等，而且擬人狀物，把草木蟲魚的博物知識與人事中美麗的形象聯繫在一起，這就是綜合的文化藝術了。再比如：「東門之楊，其葉，昏以爲期，明星煌煌。」不只記錄了人們對楊樹的認識，而是把感情形象交織在一起，成爲藝術畫面，已是「月上柳梢頭，人約黃昏後」的先聲矣。有時一句話、一個片語，使人感到古人體物知識的細微傳神之處，如「蜉蝣之羽，衣裳楚楚」，把微蟲之翼比作衣裾，觀察的那樣眞切，語言表現的那樣傳神，這不正說明草木蟲魚的學問，在《詩經》時，已經達到了相當的高度了嗎？

陸璣詳注草木蟲魚

晉代陸璣是位有心人，他寫了本著名的小書叫《毛詩草木鳥獸蟲魚疏》，不但注意到《詩經》中草木蟲魚的名稱，而且把這些名稱與各地民間俗稱排比注釋，再徵引其他著述疏解，十分有情趣。如「維魴及鱮」疏注云：

> 魴，今伊、洛、濟、潁魴魚也，廣而薄肥，恬而少力，細鱗魚之美者，漁陽、泉州、刀口、遼東、梁水魴，特肥而厚，尤美於中國魴。故其鄉語：居就糧，梁水魴。鱮似魴厚而頭大，魚之不美者，故俚語曰網魚。得鱮不如啗茹，其頭尤大而肥者，徐州人謂之鰱，或謂之鱅。幽州人謂之鴞鷗，或謂之胡鱅。

這段注解可以聯繫我們今天餐桌上的沙鍋魚頭，多麼有趣呢？又如「蟋蟀在堂」疏注云：

> 蟋蟀似蝗而小，正黑有光澤如漆，有角翅，一名蛬、一品蜻蛚，楚人謂之王孫，幽州人謂趣織，督促之言也。俚語「趨織鳴，懶婦驚」是也。

這疏注也有意思，看來現在叫「蛐蛐」，正是一音之轉。因爲有的書中還寫作「促織」。

草木蟲魚學問大

有關草木蟲魚的著述，《詩經》、《禮記》、《楚辭》等先秦典籍開其端，《爾雅》、《說文》以及陸璣等書的注釋繼其後，直到唐、宋之後，各種「譜」、「錄」等書陸續出現。陸羽寫了《茶經》、歐陽修寫了《洛陽牡丹記》，蔡襄寫了《荔枝譜》，范成大寫了《梅譜》，連南宋的荒唐宰相賈似道還寫了一本《促織經》，不少著名文人都愛好此道，注意到草木蟲魚的重要和情趣，筆之於書，給後人留下有意義、有情趣的著述，如都像韓愈那樣，只懂得寫〈進學解〉和〈原道〉，那豈不太寂寞耶？他如以寫「黃昏到寺蝙蝠飛」的才情，寫一本「蝙蝠譜」，該多麼有意思呢？可惜沒有，太遺憾了。

關於草木蟲魚的書，從先秦典籍，到唐、宋以後的譜、錄之類的小本書，再加《通志・草木蟲魚略》、《本草綱目》、《群芳譜》、《廣群芳譜》等等，那眞可以說洋洋乎蔚爲大觀了，單書目就能編寫一大厚本。因此看，中國草木蟲魚的學問、草木蟲魚的文化，豈不眞是猗與盛哉嗎？在西方古典文獻中，關於草木蟲魚的名著有英國科學家懷德（Gilbert White 1720-1795）的《色耳彭的自然史》（The Natural History and Antiquities of Selborne）、法布爾的《昆蟲記》等。都是寫的極爲細緻而有情趣的書。但是不管中國古代文獻也好、西洋文獻也好，對於草木蟲魚的認識，比之於現代純自然科學的研究，在深與眞的程度上，那幾乎是不成比例的。

現在草木蟲魚的學問，在現代自然科學的領域中，已由過去的植物學、動物學、生物學、遺傳學等等，發展到現在的細胞學、胚胎學、生物化學、遺傳工程……等等非常尖端的科學，一日千里，不斷有重大突破。不過這些都是純科學的研究，與中國傳統人文科學對草木蟲魚的認識，是兩種文化情趣的了。或者說現在自然科學中關於草木蟲魚的研究是純物質的，而中國傳統文化對於草木蟲魚的認識著述，有更多的精神上的成分存在。「記得綠羅裙，處處憐芳草」、「子非我，安知我不知魚之樂」，憐芳草、知魚樂，關於草木蟲魚的文化，除去純物質的外，我想也還需要一點精神上的吧。

後記　一草一蟲一世界

「草木蟲魚」是個好題目，用中國傳統的說法，這個題目很雅，有出典，有書卷氣，有一種深邃的內涵了。這種內涵好像代表了一種古老的傳統文化氣氛。

草木蟲魚的範圍太廣了，如果我是一個自然科學家，研究動物、植物，便可以從自然科學的角度寫草木蟲魚，那將是一本有內容的科普讀物，可惜我不是，等於白說。如果我是一個社會科學家，研究政治、經濟，便可以從政治角度或經濟角度去寫草木蟲魚，或述其政治意義，或分析其經濟價值，那樣寫出來的書，可能更有用些，可惜又不是。

這樣我所寫的便是些雜亂無章的東西了。有的似乎是回憶錄，如不少地方都寫到兒童時的事、少年時的事，自己覺得一往情深，談起來似乎很有味，可是對讀者又有什麼意思呢？有的似乎又是說教和諷刺，如希望大家不要吸煙，而把香噴噴的煙草與毒草一類等同起來，吸煙的朋友不免要對我嗤之以鼻，香煙公司或要向我提出警告。又有的似乎是在抄書，東抄一段，西引一段，雖然說「奇文共欣賞」、或者說「天下文章一大抄」，但要被評卷的大師們看見，一定會給我不及格，或者乾脆吃零分、得大鴨蛋。還有的也沒有高級形容詞說草的芬芳、樹的可愛，蟲兒們的那個、這個你親我愛，總之，沒有足以打動人心的刺激性的語言、朦朧感的懸念……只是一些隨隨便便的閒談而已，說錯的自然難免，但故意裝腔作勢的假話、謊話卻是沒有的。

如硬要把它們納入一個學科範疇中，算作人文學科苑囿中的一株小草、一個小蟲吧，文字是雜七雜八，十分醜陋的，但這點心意卻還是真誠的。這些情趣卻還是有所感受，願與讀者同享的。北京動物園中，有一種並不漂亮的非驢非馬的東西，叫作「四不像」，據說還是獨一無二、十分珍貴的。我這些東西，大概也是和「四不像」一樣，只是自己敝帚自珍而已。因而寫完了，又拖了個小尾巴，叫作〈後記〉，但願不要因爲有些翹起來，被斬掉，則幸甚矣！

一九九〇年六月十九日，記於延吉水流雲在新屋窗下

國家圖書館出版品預行編目資料

花鳥蟲魚誌／鄧雲鄉著，--初版. -- 臺北市：實學社，2004〔民93〕
面； 公分. --（歷史新天地；38）

ISBN 957-2072-88-9（平裝）

1.花卉－文集 2.昆蟲－文集

435.407 93017719